警察也许不是一个高贵的职业，
警察却一定要有一颗最高尚的心。

# 理想警察

安德鲁與王大偉关於警察哲學的对话

王大偉著

国家社会科学基金“十一五”
规划（教育类）国家一般课题
中国公安教育发展与创新研究
课题批准号：BIA070024

# 理想警察

## (Superior Police)

## ——安德逊与王大伟关于警察哲学的对话

（第二版）

王大伟　著

中国人民公安大学出版社
·北　京·

图书在版编目（CIP）数据

理想警察：安德逊与王大伟关于警察哲学的对话 / 王大伟著. —2版. —北京：中国人民公安大学出版社，2015. 4
ISBN 978－7－5653－2192－4

Ⅰ. ①理… Ⅱ. ①王… Ⅲ. ①警察学—研究
Ⅳ. ①D035. 3

中国版本图书馆 CIP 数据核字（2015）第 070500 号

**理想警察**
**——安德逊与王大伟关于警察哲学的对话（第二版）**
王大伟 著

出版发行：中国人民公安大学出版社
地　　址：北京市西城区木樨地南里
邮政编码：100038
经　　销：新华书店
印　　刷：北京通天印刷有限责任公司

版　　次：2015 年 5 月第 2 版
印　　次：2015 年 5 月第 3 次
印　　张：17. 5
开　　本：787 毫米 × 1092 毫米　1/16
字　　数：125 千字

书　　号：ISBN 978－7－5653－2192－4
定　　价：60. 00 元

网　　址：www. cppsup. com. cn　www. porclub. com. cn
电子邮箱：zbs@ cppsup. com　zbs@ cppsu. edu. cn

营销中心电话：010－83903254
读者服务部电话（门市）：010－83903257
警官读者俱乐部电话（网购、邮购）：010－83903253
公安图书分社电话：010－83905672

# 序

国务院学位委员会和教育部联合印发《学位授予和人才培养学科目录（2011 年）》，正式批准设立“公安学”、“公安技术”两个一级学科。公安类一级学科的设立，填补了公安高等教育一级学科的空白，为公安学科建设提供了更为广阔的空间，是公安高等教育的一项重大突破。

《理想警察——安德逊与王大伟关于警察哲学的对话》，是王大伟教授的又一本新书。“理想警察”是西方警察哲学的基本概念，讨论什么样的警察才是现代社会中理想与完美的。作者根据多年前在英国艾克赛特大学警察研究所的学习和收获，结合英国警察学著名学者，原德文与康沃郡警察局长安德逊爵士的名著《自由警务论》，就警察学的若干基本命题，如警察本质论、公众的关系论等，从警察哲学的高度进行了论述。本书文字简洁，寓意深刻，荟萃经典，颇有新意。所附“中外警务改革比较”一文，是作者在公安部警督升警监培训班的授课讲义。

王大伟教授是新中国派往西方学习警察学的较早的留学生，在引进西方警察学的过程中做了许多有益的工作。希望本书的出版，有助于公安学科的建设，特别是警察哲学与比较警察学研究的进步。

**中国人民公安大学校长**

2011 年 5 月 28 日

# 目　　录



## 第一部分　警察本质论

## (The Nature of Policing)

## 第二部分　警察论

## (Police and Related Topics)



## 第三部分　犯罪论

## (Crime)

## 第四部分　未来畅想论

## (Towards the New Modle)

# 再版前言

《理想警察——安德逊与王大伟关于警察哲学的对话》于 2011 年出版之后，不久就销售一空。三年来该书取得了很好的社会反响。该书作为公安部警督晋升警监的课程“中外警务改革比较”的参考教材，作为公安大学博士生课程“公安学理论”的教材，作为多种警察干训的培训教材受到了学员们的认可与称赞，同时，很多网站、电视台都对此书进行了宣传与介绍。

此次修订着手进行了以下三方面的工作：一是对原书文字进行了逐字逐句的校对修整；二是增加了《对话精选》；三是增加了世界警务改革新趋势，即美国警察新专业化的最新内容。

在这三年里，笔者作为项目主持人承担了国家级课题“中国公安教育发展与创新研究”。本书即是该项目的成果之一。同时，笔者作为项目主持人，承担了2013年5月教育部第三批“精品视频公开课‘公安学基础理论’”，本书也是该国家级项目的课程建设的重要组成部分。

另外，《理想警察——安德逊与王大伟关于警察哲学的对话》出版三年来，发生了很多事情与变化。

首先，“公安学”和“公安技术”被确定为国家一级学科，这是公安学理论建设的重大进步。

其次，关于第五次警务革命的争议有了新的发展。2011年美国首先提出了新专业化的命题，为处于迷茫中的世界警务改革迎来了一束新的曙光。人们认识到世界新的警务改革可能不再是单纯的技术革命或者是单向的警务改革，而是全面的提高警察素质，在这一点上，“理想警察”则可能上升为新一次警务革命的终极目标。

最后，英国社区警务之父、警察学的理论旗手——约翰·安德逊于2012年在英国德文郡去世，作为本书的对话者之一，安德逊爵士对中国警务改革的启示颇多，在此再版之际，谨向安德逊爵士再次深表敬意。音容犹在，松柏长青。

**王大伟**

**2015年1月22日**

# 卷首语

1. 他们是一群身着深蓝色制服的，最帅气的男孩和最美丽的女孩，尽管每天要工作十四小时，尽管每天都会面临流血与牺牲，但他们见到群众总是露出灿烂的微笑。他们知道自己的权力是人民所赋予的；来派出所办事的公众如同自己的父母兄弟。他们牢记自己神圣的宗旨：全心全意为人民服务。如果非要用一个词来总括他们，那就是忠诚卫士！

2. 他们不仅仅是粗犷勇猛、体力充沛的钢铁战士，他们更是温文尔雅、充满智慧的公众朋友。他们也懂得品茶，也写得一手好字，也欣赏美好的歌，也会说流利的外语……他们在巡逻中为孩子发放玩具，在社区为老人解决心理问题，在路边帮人修理自行车，在学校里为学生们讲故事。他们上班时穿警服，下班时与普通人一样穿普通的衣服。他们是孝子、是忠臣；是好丈夫、好母亲、邻居的好兄弟；他们是人们在急难中首先想到的亲人。

3. 他们对腐败深恶痛绝，深知警察腐败会导致警察所作的全部都被否定。他们曾目睹害群之马的恶行带来的惨痛教训。在许多人的眼中，警察即政府。警察善行，即为政府善行；警察恶行，或为政府恶行。牢记老师的嘱咐：远离酒、色、财、气、烟（毒品）。上班不吸烟、不饮酒。从不收受贿赂，坚决远离淫秽与毒品。

4. 尽管面临着天天有牺牲的威胁，仍恪守“最小动用武力”这一国际警务定律。“不战而屈人之兵”亦警务战术之利器，以热血与生命保卫人民的尊严。“菩萨心肠，霹雳手段。”但当遇到劫持人质的歹徒，会毫不迟疑地开枪，给犯罪分子致命一击。

5. 他们不是不食人间烟火的怪物，他们有血有肉，有情有爱。他们对工作有特别的神圣感，把警察当作信仰与生命，扶助弱小、抗衡强暴、打击犯罪、维护正义。天天与社会阴暗面接触，警察看到社会的腐化与黑暗，仍没有太多的玩世不恭，大彻大悟，冷漠无情。有一点猜疑，有一点焦虑，有一身的病痛，也无怨无悔。警察是特殊材料打造的人，是接触了太多阴暗，却永远充满光明的人。

6. 在媒体与闪光灯面前，他们英俊、大方、幽默、健谈。会给孩子讲平安童谣、给老人讲防范技能。他们不会装模作样，把自己打扮成战士或英雄，因为他们知道自己只是一个最最平凡的人。

7. 他们是人民出鞘的宝剑，是敌人最大的恐惧。对黑恶社会零容忍，恨之入骨。对弱者，却会流下同情的热泪。

8. 他们不会单纯地幻想一夜之间消灭犯罪，不相信砍了小偷的手，就会天下无贼。也不过多地迷信技术防范与探头。他们知道，人民群众才是打击犯罪的主力军。

9. 他们不会开着巡逻车自鸣得意，自觉风光，他们担心，巡逻车开得越快，离群众就越远。科技强警的同时，绝不会忘记公安工作的优良传统。

10. 他们知道自己的力量与人民比起来是微不足道的。“警力有限，民力无穷。”坚信老百姓的那句名言：“刀伤药再好，不如手不拉口儿。”一分防范，胜百分打击。把防范的技能教给群众，一句警语“背心裤衩覆盖的地方不许别人摸”，可救助无数女孩被性侵害；一首平安童谣“一个人，上学校，问我什么不知道”，可预防儿童被拐骗。

希望我的学生都会是这样的人。感谢你们。

——王大伟敬礼

# 前言

# 安樂村上的警察哲學

图注：英国社区警务之故乡，德文及康沃郡警察局警徽

# 前言：安乐椅上的警察哲学

玉壶买春，赏雨茅屋，坐中佳士，左右修竹。
白云初晴，幽鸟相逐，眠琴绿阴，上有飞瀑。
落花无言，人澹如菊，书之岁华，其曰可读。

——唐·司图空《二十四诗品·典雅》

1991 年英国南部艾克赛特市，风景秀丽，知更鸟鸣唱，被叫作女王的花篮。

那时，我和英国德文郡警察局长安德逊都是艾克赛特大学警察研究所的“名誉研究员”，一周两次，品茗对话。互相启示，共商警学。归国后，折花逢驿使，鸿雁传信不断。

一席佳话，从 1991 年谈到 2011 年，二十年过去，青山常在，两人俱老。

安德逊 1946 年从警，我 1977 年从警，两人警龄，合计百年。百年回眸，别有感慨。

安德逊把自己做学问的方式总结为：

“静静地独处一室，安坐于安乐椅上，让思想长上翅膀，像蝴蝶一样在室内飞翔。”

西方警察研究，多以实证派方法为主，如实验、调查等。在实证研究中十分重视量的分析与统计学及实验条件的科学性。因此，西方警察研究的特点是多元、发散的，往往以一点为突破，进行专业深层次的研究。

西方也存在少数以思辨见长的警学研究专家。所谓思辨，英文为“Armchair theory”，直译为“安乐椅上的理论”，又可译为“畅想曲”。思辨的方法是在长期警察工作实践后，一般是几十年的经验，从思辨、哲学的角度对警察工作进行高层次的理论概括。

应用思辨方法做学问的人应具备几个条件：首先，有几十年的警察工作经历，在长期的工作实践中，对警察工作的客观规律有充分的研究与悟性。其次，具有较高的学历与写作水平。最后，善于思考问题，善于总结，勇于创新，特别是不被传统定式所束缚，把警察工作的日常小事，升华为“畅想曲”。

安德逊曾以这种方式提出了“警力无增长改善论”，“新警察哲学”，对未来警察的设想和警察伦理学等一系列纯思辨的学术概念。正是这些崭新的观念为英国，乃至西方的警务改革提供了理论基础。

纯思辨似乎超越了警务工作现实，实为对警务工作实践长期经验与升华的悟性。创造性的思想火花与哲学性的高度概括，恰恰填补了实证派过分重视细节、机械死板的不足，在西方警察科学的研究中，一花独放。

# 第一部分 警察本质论

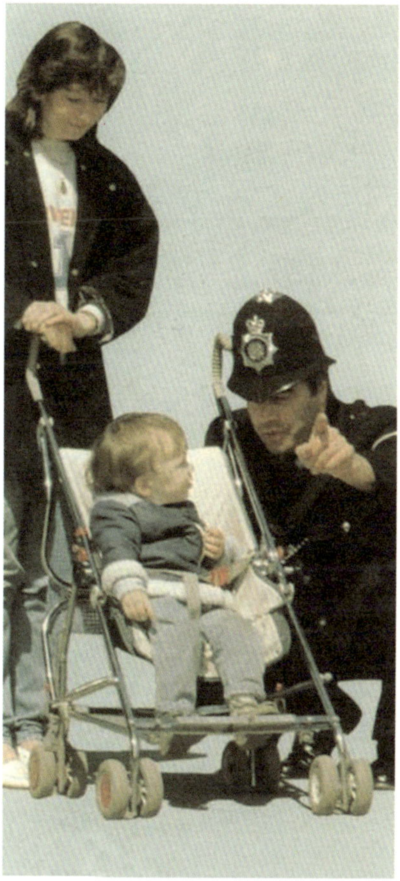

(The Nature of Policing)

图注：英国社区警察

# 对话一：权力的使用与权威

（The exercise of power and authority）

肩上警衔如此之硬，怎么给老百姓挑水？

——毛主席询问罗瑞卿部长

如果说，教育学的核心词为发展，那么警察学的核心词则为权力。

权力从何而来？权力为谁所用？此乃警察学之核心，亦为本对话之开篇之首。

## 安德逊开讲

### 安德逊提出了海洋法系国家（Common law）警权民授的思想

警察以两种方式与权力相联系。其一，通过其特殊的存在，警察反对强加于公众的违反宪法权力；其二，警察执法必须履宪。

权力可以被定义为“有意识影响的产物”（the production of intended effects）。

警察是国家合法强制力实施的工具，通过立法达到预期效果。然而，由于海洋法系国家（Common law）权于民授的传统，民众维护着国家的强制力，并且在这种意义上判例法体系有别于中央集权的体系。

逮捕、拘留，甚至为了自卫和保护他人而进行的杀伤以及维持稳定都是公民的权利和义务。这种权力被广泛享有，如若滥用，便会遭到惩罚。警察是公民权利的代理人。从这种角度看，熟稔其所拥有的权力，对警察至关重要。

---

## 安德逊提出了执法的金科玉律

有一条金科玉律警察必须牢记——如果没有人民大众的普遍支持，法律也会苍白无力；换言之，有民众支持的执法便会如鱼得水，反之则寸步难行。这条准则即便在国会立法中也须臾不可怠慢。

执法重于山。凡被要求执行不受大众欢迎的法律的警察，定会丧失公众的支持；凡民不畏法之地方，暴动和反抗便是必然结果。

此乃悖论：

从长远来看，有公众支持的弱小警察高效；无群众基础的强大警察低效。因此，在英国，警民比率为1:500；而在北爱尔兰，包括所有的安全力量在内，这一比率大到1:50。此乃“满意决定警务论”（Policing by consent）之精髓。

善意限制。在海洋法系国家（Common law），针对警察权力的态度一直是善意性限制（Health restrictive）。著名的议会警察委员会声明：“警察行动若想完全自由，若想随心所欲，不受干预，无疑是痴人说梦。善意性限制，对国家而言，却是荣耀和福祉。”

## 安德逊提出了警察的公式：权力大小与民众的支持成反比

当然，警察变得不可或缺，在维持秩序和打击犯罪的同时，对公众的自由进行了最小化的干预。优秀的警察非但不会对自由造成威胁，反而变成了自由的保障。但是，有关警察强制权力的担忧还继续存在。

警察应该牢记：法律和民意对警察限制不是前进路上的绊脚石，而是警察本应保护的个人权利和自由的坚强后盾。

警察权力大小与公众对警察的支持度存在必然的联系，这很值得思考。警察的权力大小与民众的支持成反比。

警察代表着强制力，但它不应该集中在某一政府或个人手中。很多党派的首席大臣曾表达过同一观点，R. A Butler 在 1963 年任首席大臣时说："我对某一个人，或是某一政府直接控制一国的警察是非常危险的这一观点十分认同。政府基于监督和制衡而建立。这保证了我们世世代代的自由。"

**安德逊提出理想的警察的概念与最小使用武力原则**

在高度民主的社会体系当中，警察的权威有两种来源：一是法律，二是口碑。

愚蠢的警察会认为他们的权威完全拜法律所赐，这可能导致权力主义的滋生，若不约束，则会慢慢影响警务活动的成功。独裁主义意味着要唯以权力和力量为代表的权威马首是瞻。由于顺从该种

"权威"的意愿不能激发自由的意志，与真正的权威相比，它不具备高尚的德行。真正的权威靠自身的完善去达成目标。

因此，理想的警察（Superior Police）总是力图通过高尚的"警权民授"和信仰来达成目标。武力总是在迫不得已的情况下才会使用，并要以最小使用武力为原则（Minimal Force）。

武力对双方都是危险的，滥用武力会导致事态升级。当无所不用其极时，将会对使用一方与被使用一方均会造成无法挽回的损失。用警察术语表述，这是灾难性的。理想执法与创建融洽的警民关系，需要几代人的努力。

## 王大伟对话

### 警察学是王冠，警察哲学是王冠上的钻石

警察学是警察研究的王冠，警察哲学是王冠上那颗最灿烂的钻石。安德逊最擅长的，就是警察哲学。

如果说，教育学的核心词为发展，那么警察学的核心词则为权力。

权力从何而来？权力为谁所用？此乃是警察学之核心，亦为本对话之开篇之首。

## “警权民授”为警察学的逻辑起点

安德逊先生在阐述警察本质时，提出了“警权民授”（Grant power to the citizens）的思想。并将此为“理想警察”模式的理论基础。英国警徽，王冠下有六角银星，上书：伊丽莎白二世。英国警察是皇家所有，全名为“女皇陛下保安队”。尽管如此，安德逊先生仍坚持警察权力授自民众的信念。

以此为基础，英国警察自建警之初，罗伯特·比尔就制定了《建警十二条》，其中反复强调民众的重要。

1. 警察应以军队为榜样，建成一支稳定的行之有效的队伍。

2. 警察必须在政府的控制之下。

3. 减少犯罪证明警察的效率与效益。

4. 发布犯罪统计是警察的基本工作。

5. 以时间和地域科学分配警力。

6. 制怒、宁静、有礼是警察质量的根本保障。

7. 以形象赢得尊重。

8. 招募、训练适当人选是执法之本。

9. 公众安全需要每个警察挂牌服务。

10. 警察首脑机关必须接近公众。

11. 警察需先见习，后上岗。

12. 以警察掌握的犯罪记录作为分配警力的依据。

其中6、7、9、10四条，均为服务民众的要求，可见罗伯特·比尔建警之初，用心良苦。

从上可见，英国警察学理论中的若干概念，均以“警权民授”为逻辑起点。英国警察强调平民化优良传统，意在坚持罗伯特·比尔的警务原则。

其一，警察的公式：权力大小与民众的支持成反比。

其二，金科玉律——如果没有人民大众的普遍支持，法律也会苍白无力；换言之，有民众支持的执法便会如鱼得水，反之则寸步难行。

其三，最小使用武力为原则（Minimal Force）。

其四，“满意决定警务论”（Policing by consent）。

以上四点，即可勾勒出安德逊先生的警察学理论之核心。

**凡大英雄，皆顺民心**

封建帝王很懂得此理。昔唐太宗语："水能载舟，亦可覆舟。"出自《荀子·哀公》篇："君以此思惧，则惧将焉而不至矣？且丘闻之，君者，舟也；庶人者，水也。水则载舟，水则覆舟，君以此思危，则危将焉而不至矣？"

1820年罗伯特·比尔建警之初，为与民众打成一片，设计警服颇费心思。最后选定高礼帽，燕尾服、蓝裤子为新式警服。其实，这就是当时伦敦市面上老百姓的衣服样式。警民一家，即为警察哲学。

1955年解放军授衔后，人民警察也要授衔。罗瑞卿部长手持新式警衔面呈毛主席。毛主席明察秋毫，询问部长：肩上警衔如此之硬，怎么给老百姓挑水？留着肩膀为百姓挑水，即为警察哲学。

**得民心者，善治警察**

所以，凡学警察学，当以民众为根本。放眼西方，英国警察自称公仆，转头东方，韩国警察则称奉侍。凡顺民心之警察则昌，凡逆民心之警察则亡。

警察以民众为本，权力就须平衡。警察权弱小，则犯罪猖獗，警察权滥用，则民众恐惧。所以，善用警察权的人，无不把民众放在首位，无不把民众的满意，视为警务改革的方向。

得民心者，善治天下，得民心者，善治警察。

---

**王大伟给警察学生的十句话**

1. 警察执勤时不要戴墨镜，墨镜不仅阻挡了阳光，更阻挡了人民群众对你的期望。

2. 不是公务不开警车。即使是巡逻，车也要开得慢一点，让群众先走。因为巡逻车开得越快，你离群众就越远。

3. 警察警衔的优点有许多，最大的缺点是“不方便给群众挑水”。

4. 见到老百姓要帮助，不需要帮助的就笑一下，笑的标准是要露出六颗牙。

5. 在派出所值班有许多技术，如果你不会，就告诉一个最简单的方法，设想报案的老人或是办证的老人是你的父母。

6. 当公安局局长是有秘诀的，就是一生远离：

酒、色、财、气、烟（毒品）这五个字。这是我师傅老警察告诉我的。

7. 如果一个陌生老人走进派出所，先别问他干什么，先给他倒一杯茶。如果你斥责一个老人，你一定会倒霉的，可灵了。

8. 如果妈妈丢了孩子，警察要马上放下手中的工作去安慰她，而不是先让她登记。

9. 在罪犯眼中，你就是雷电；在妻子眼中，你就是高山；在孩子眼中，你就是摇篮；在人民眼中，你就是青天。而在青天的眼中，你就是菩萨。

10. 永远别忘了警察前面有两个字：人民。

# 对话二：警务伦理学

（Ethics in policing）

他们上班时穿警服，下班时穿便衣。他们是孝子、是忠臣；是好丈夫、好母亲、邻居的好兄弟；他们是人们在急难中首先想到的亲人。

——王大伟

警察首先是好人、兄弟、绅士、大嫂，然后才是警察。

警察首先要有道德，有伦理，然后再谈执法。

## 安德逊开讲

### 安德逊提出了警务伦理学（Ethics in policing）

正如善良的人们会对权力及其滥用权力的担忧，警务也必须受伦理（Ethical）和准则的约束。

由于文化、法律和政治环境存在差异，警务道德（Morality of policing）也不能像“希波克拉底誓言（Hippocratic oath——医生保证遵守职业道德的誓言）”一样放之四海而皆准。

服务于集权、专制主义政权（Tyrannies、despotism、totalitarian）的警务，从根本上便是糟粕透顶的，这与民主国家的警务活动有着天壤之别。然而，民主国家的警务有时候也会发生行为上的偏差，滋生出有违道德的行为。

警务中的这种瑕疵，一方面是娘胎中带的，另一方面则是后天的天灾人祸。毋庸置疑，只有在完美国家中，“理想警察”（Superior police）才能得以存在与发展。

## 国会至上与以法律为准绳（PARLIAMENTARY SUPREMACY AND THE RULE OF LAW）

法律本身对权力的监督首当其冲。法律至关重要，法律面前人人平等。国会至上权威的确立、司法独立以及监督和制衡，使得警察成为远离狭隘政治（Narrow political direction）的执法力量。如若上述条件存在，警察便具备了在公正无私的法律框架内确立高尚精神道德（Acceptable morality）的条件。虽然这只是万里长征的第一步，但是在宪法意义上不可或缺，确保警察远离了绝对权力造成的腐败。

**法律框架内的警务（POLICING WITHIN THE RULES)，安德逊提出自由与强制力是一种平衡模式**

在大多数国家，尽管警务工作的属性和警务工作的方式由于政治、文化和传统的不同而千差万别，但是警察都无一不是国家强制力得以推行的强有力的工具。

警务方式是判定社会尊重人权的重要标准之一。相反，无论是懦弱，抑或是中立性的警察，都在某种程度上表现出保护受害者和潜在受害者的无能。

自由与强制力的平衡公式：如果强制力（Coercive power）占上风，自由便会受到打压；但如若自由变成肆意妄为，自由也将成为邪恶。

**恐惧与自由（FEAR AND FREEDOM），安德逊提出自由（Freedom）与安全（Security）两者相生相克**

人皆渴望自由（Freedom）与安全（Security）。两者相生相克。

当人们感觉恐惧时，为了寻求安全，便会放弃一些自由，同时，随着恐惧的增加，自由也被更多地放弃。因此，理想警察（Superior Police）要扮演的角色便是：用最小动用权力（Minimum Power）去完成最出色的任务。

**安德逊提出警察是人民的勤务员，而不是国家的代理人；不是暴力的工具，而是服务社区的普通一员**

1962 年皇家警察委员会（The Royal Commission on the Police）申明：无论在传统意义上还是法律意义上，我们国家自始至终都没有把警察作为一支独立于广大公众之外的力量。基于此理，警察须牢记：他们是人民的勤务员，而不是国家的代理人。

**个人责任与义务（PERSONAL LIABILITY）**

每个警官要对自己的越轨行为负责。

事实上，他有可能面临被起诉的处境。这是宪法的精妙设计，既避免了对犯有过失的警官的仇视，又保证他对自己的行为负责。警察一不是天生或训练有素的行政力量的傀儡，二不是暴力的工具，而是所服务的社区中的普通一员。

**侦查伦理（ETHICS IN INVESTIGATION）**

当人们思考审讯嫌疑人（Interrogation of Sus-Pects）的法律的时候，都毫无例外地、坚定地支持嫌疑人。这种进步，意味着警方被要求公正执法（Act Judicially）的诉求从未停止。警方已经充分认识到对法律的谙熟，以及对审讯道德的熟稔是首要的。

## 王大伟对话

**警察是天使，是菩萨**

总有一天，多数警察会认识到：警察不仅是打击犯罪的战士，更是人民群众的公仆。

总有一天，整个社会会认识到：警察是天使、是菩萨、是真善美的典型化身。

不要因为重度的空气污染，就放弃了对雨后春天的憧憬；不要因为片刻的阴霾，就不相信那枫叶尽染的秋色。

---

**英国是警察伦理学的故乡**

英文“Ethics”译作伦理学、道德学或伦理观。警务伦理的中心含义为警务必须绝对服从法律和伦理双重指标。

警务伦理学中重要的一个部分是侦查伦理。它强调警察在侦查过程中依法办事，树立良好的伦理道德。英国属于海洋法系国家（Common-Law），历史上重视嫌疑人坦白时警察的伦理，即嫌疑人自愿原则。在预审过程中，警察不许采用恐吓、许愿和压迫的方式。

采用先进的技术装备是提高警察伦理的关键。多年来，美国许多警察局在预审过程中采用了录音制度，以保证在预审过程中不使用不正当的手段逼供。全部录音带将送交法庭，以供监督。同时，先进的技术装备也向侦查伦理提出了挑战，如美国可以对嫌疑人采用测谎器，并认为测谎的结果有可信成分。而在英国，警察认为这涉及侦查伦理，不应过分依赖测谎器。

侦查伦理涉及各种规章的制定。例如，17 岁以下嫌疑人不得接受采访。所有被拘留人在拘留期间具有与外界保持通电话、书信的自由，等等。

## 警察伦理学是衡量警察素质的试金石

英国白金汉宫前的警察永远微笑着与游客照相；日本派出所警察专门设哑语值班；中国济南交警是城市的骄傲，而朝鲜的女交警，是男孩最崇拜的女神。

第三次警务革命中，警察为战士；第四次警务革命中，警察为公仆。

警察不仅应是粗犷勇猛、体力充沛的钢铁战士，警察更应该是温文尔雅、充满智慧的公众朋友。

警察中也应该有教授、博士、心理学家、文学家、诗人与歌手。也应该有心灵美好的少女与充满智慧的老师。

警察也懂得品茶，也写得一手好字，也会唱美好的歌，也会说流利的外语……

也许，他们在巡逻中为孩子发放玩具，也许，他们在社区为老人解决心理问题。也许，他们在路边帮人修理自行车，也许，他们在学校里为学生们讲故事。

他们上班时穿警服，下班时穿着便服。他们是孝子、是忠臣；是好丈夫、好母亲、邻居的好兄弟；他们是人们在急难中首先想到的亲人。

---

**警察伦理学应包括十个部分**

1. 公众到派出所报警、咨询，应马上有专人接待。对孩子、孕妇、老人、残疾人要特殊帮助与专门对待。

2. 派出所部分向公众开放。内部装饰也要有文化气息。老百姓没事来派出所坐坐，也是受欢迎的。

3. 老百姓来办证、办户口要有坐的地方，有水喝，更要有体贴、有尊严。微笑服务是最基本的。门好进、事好办、脸好看。

4. 公众到派出所报警，应马上有专人登记。（在欧美国家，登记即为立案。所以，登记数即为立案数，也就是犯罪率的基数。)

5. 打骂、体罚等与警察伦理相悖的行为均不应当在警察机关见到。

6. 派出所调查期间一般不用手铐，嫌疑人白天应有坐具，夜间应有床铺被褥。吃饭、上厕所均应有保障。

7. 嫌疑人应有最基本的医疗处置。

8. 杜绝人情，拒绝说情与送礼。

9. 派出所调查期间，对嫌疑人，如孩子、妇女、老人态度要平和。

10. 对待青少年嫌疑人，要像父母对待子女一样，医生对待病人一样，老师对待学生一样。

# 对话三：警察腐败

（Corruption of police）

警察腐败导致警察所作的全部一概都被否定。

——安德逊

警察学的核心词是权力，权力滋生腐败，那么，警察腐败（Corruption of police）就必然是警察学研究的重要内容。

## 安德逊开讲

**安德逊认为，绝对权力必然造成绝对腐败。他提出了腐败的两种形式**

警察腐败（Corruption of police）主要有两种形式：

第一种，像其他拥有权力的组织和个人一样，通过对权力的拥有与使用产生腐败，正如 Lord Acton 所说的“权力滋生腐败，绝对权力必然造成绝对腐败”（Power tends to corrupt and absolute power corrupts absolutely）；

第二种，以收受贿赂和敲诈勒索（Bribery and extortion）为手段的腐败。

---

**安德逊认为警察腐败包括：体系腐败与个人腐败**

体系腐败（Corruption systems）

警察有两种形式的权力：一种是法律赋予其有效执法的权力，这种权力如果含混不清，执法过程中出现的是反复无常，最终造成的将是不公正。

另一种是非正式权力，该权力来源于专业性和机构的凝聚力。该权力有三种情况：

其一，在法制健全的社会中只对潜在的违法犯罪者有震慑力；

其二，在各种不健全的社会中，即使对所有守法人们也有恫吓作用；

其三，在腐败透顶的社会中，除小部分人控制的权力集团外，所有人则都处在恐惧之中。

个人腐败（Corrupt individuals）

任何一支训练有素的警察队伍都有其赖以遵守的法律、法规。然而出于顺利完成手头工作的需要，警察们也面临着“走捷径”（Take a short cut），即不按程序执法的诱惑。如果这种情况滋生并蔓延，纪律便会荡然无存，陋行百出。这种氛围一旦形成，警察便会明知故犯，因为在他们的潜意识当中觉得不会被人发现，也不会有人愿意去发现。

**安德逊提出了腐败定律：“腐败的社会必有腐败的警察”**

秩序井然的社会通过颁布有效的法律，提高个人的道德标准来防止腐败。警察腐败意在干扰司法公正，寻求利益。为何警察腐败在某些文化中泛滥盛行？而在某些文化中难觅踪迹？其实，这遵循着“腐败的社会必有腐败的警察”这一定律。

**预防腐败（DEFENCES AGAINST CORRUPTION）。安德逊认为反对警察腐败有两条对策：立法与立德**

一方面，刑法应该规定恰当的防治条款与制裁措施，社会对其行为准则也应有更高的要求，弘扬高尚的行为准则。在一个奉行清正廉洁价值观的社会中，警察队伍的清正廉洁便是顺理成章的。

另一方面，警察本身应该有自己的招募准则、监督细则和高尚的伦理道德。

## 王大伟对话

### 警察成为政府形象的镜子

在许多人的眼中，警察即政府。警察善行，即为政府善行；警察恶行，或为政府恶行。警察成为政府联结民众的纽带，警察成为政府形象的镜子，警察成为公众审视政府的窗口。所以，警察防腐败尤为重要。

### 权力与腐败是一对双生子

权力大，未必可怕。

权力大未必产生腐败。权力大有监督，如车速快，而刹车灵，即可安全。

权力小，亦可产生腐败。

小车无刹车，也可能疯狂，也可能撞得粉身碎骨。

有一种理论叫“倒影论”。警察权力之塔越高，水中倒影的监督机制应越长。

有一种理论叫“刹车论”。警察权力之跑车越快，监督机制的刹车要越灵。

《诗·小雅·小旻》：“战战兢兢，如临深渊，如履薄冰。”此诚官场忠告也。

---

**防腐的五字秘诀**

理想警察不仅需要法律，还需要警察伦理与警察道德。

防腐败不仅关乎警察整体的健康，也是个人修养的基石。

1981 年，在公安部刚参加工作，师傅问我：“此生愿当警察局长否？”并授我一生平安的五字秘诀：“远离酒、色、财、气、烟（毒品）。”此五字实为警察腐败的温床。

苏东坡有诗云：

“酒色财气四堵墙，

人人都在内中藏，

能到墙外走走路，

不是神仙亦命长。”

酒：酗酒。

色：乱交女友，嫖娼。

财：贪财，收受贿赂。

气：生气，脾气暴躁。

烟：吸毒，制毒贩毒。

我有九十个同学当了警察，一干就是三十几年。当局长的很多……一个同学，在东南沿海嫖娼，丢了正处长的官位；一个哥们儿，官至正局长，收了几十万的贿赂，丢了乌纱帽，知天命之年，在恐慌与疾病中苦熬。这时才体会到师傅的伟大！斗转星移，见有友人因宿娼而翻身落马，见有友人因收受贿赂而身败名裂。方叹此五字秘诀之灵验。

**王大伟关于两只老鼠的哲学**

过桥须下马，有路莫登舟，

未晚先投宿，鸡鸣早看天。

人生有两只老鼠，第一只小老鼠，爬到旗杆上面之后，欣喜之余，突然感到巨大的恐惧，就爬下来了，从此过着幸福的生活。第二只老鼠也爬到旗杆上了，但见掌声不断，喝彩频频，它是做了外科手术的，大脑中没有恐惧定位区，没有恐惧心，于是在旗杆上胆大妄为，手舞足蹈，最后掉了下来，折战沉沙。

1. 兔子为什么耳朵那么长？

兔子为什么耳朵那么长呢？因为它没有攻击性牙齿，一个人要是没有攻击性行为，防范行为必须要跟上去，此乃平衡。

2. 人为什么成为万物的主宰？

人的恐惧感不是天生造成的，是我们祖先遗传下来的。人类没有老虎那样的牙齿，奔跑速度也非常慢，所以，人类在几万年的进化过程当中永远是弱者。这样，人产生了特别大的恐惧心理；也正是由于恐惧心理，人就成为万物的主宰。生于忧患，死于安乐。

3. 没有刹车的车一定都是死亡的车。

买一辆新车，你觉得车这么漂亮，干吗要刹车呢？司机就会告诉你，一定要有刹车，没有刹车的车一定都是死亡的车。乐观者未必是幸运的，悲观者未必是不幸的。

# 对话四：警务风格

（Styles of policing）

昔有先贤云："警之于先，察之于后。"警之于先，即欧美警学中的主动先发警务论；察之于后，即被动反应警务论。

——王大伟

"江山代有才人出，各领风骚数百年。"警务风格千差万别，汇总有八大风格。

## 安德逊开讲

### 警务风格随历史文化而千差万别

警务风格，千差万别。随着文化、法律、社会和政治的不同而变化。

尽管在特定历史阶段中一种警务风格占主导，但若进一步了解，便会发现其中存在诸多变量；甚至在某一地域范围内，警务风格会随着人群的变动而改变。

其一，非正式警务（INFORMAL POLICING）。

最成功的遏制犯罪措施都来源于传统的与非正式的社会控制（social control）。迷信、宗教禁忌、宗教信仰、习俗、共同价值观以及道德标准，都先于基于法律的警务活动存在。一个保持着家庭凝聚力的社会，每个成员的行为都会得到有效的控制，这有助于社会的和谐与稳定。

随着社会的发展和家庭控制的减少，年轻人违法的概率逐渐上升；而随着婚姻制度的日趋松散，更多孩子尝到了单亲家庭的苦果。家庭作为西方社会的中心，其在社会控制中一直是重要的一环。

宗教信仰对防治犯罪十分重要。《圣经旧约》中对犹太人规定了《旧约十戒》（The ten commandments of the Old Testament），这比任何一部法律在预防犯罪方面都重要。

伊斯兰教徒信奉的《古兰经》（The Koran），代表着另外一种行为体系，并对现世有着重要的影响。

古希腊哲学中的各大学派（The great schools of philosophy）以及东方的佛教（Buddhism）对非正式警务机制均有着重大影响。信徒的行为代表着至善的社会行为标准，这对法律的制定奠定了高尚的基础。

其二，消极式警务（PASSIVE POLICING）。

消极式警务（Passive policing）以“稻草人”（scarecrow）式的简单出现为特征，通过非正式手段维持秩序。其核心为消极被动，以忍为高。在其存在的地方反映了该地区高度的容忍性；另外也反映了和谐的警民关系对警务活动之支持。

在此种警务模式下，优点并非乏善可陈。

一方面，容忍自我约束的存在，避免了丑闻，并且制造了一种得饶人处且饶人的氛围，在这种氛围下，诉讼降到了最低点；

另一方面，透过现象看本质，这种消极警务亦有对社会的不适应性，甚至造成腐败，有鉴于此，应刻意地避免此种警务模式。

其三，惩罚性警务（PUNITIVE POLICING）。

惩罚性警务基于这样的假设：如果刑罚足够严

厉，便不会有犯罪。治乱世用重典。这种假设在实践中很快被否定。没有强有力的警察队伍去执法，社会将永无宁日。该警务模式在18世纪后期的英国登峰造极，然而犯罪有增无减。这是因为该警务只集中于惩罚罪犯，而非预防与打击犯罪，实乃本末倒置。

其四，预防性警务（PREVENTIVE POLICING）。

在诸多的警务战略中，预防性警务（Preventive Policing）一花独放。其优越性体现在道德伦理层面，借此把人们从愚昧中解脱出来。

该模式不仅在道德层面优势明显，其在减少犯罪损失方面更是无可替代，减少犯罪缓解了来自司法系统的各方面压力。自从1829年作为伦敦大都市警察（New Police in 1829）的警务模式后，以巡警为载体的警务无处不在。而在操作层面，单纯的预防明显地滞后于经济社会的发展，新的激浊扬清的警务战略呼之欲出。

其五，主动先发警务（PROACTIVE POLICING）。

主动先发警务通过多种预防方式渗透到社区之

中，影响人们的行为，警之于先，减少犯罪。

主动先发警务力图强化目前的预防措施与社会规则，增进互信，辨证施治。

主动先发警务寻求地方政府间的亲密合作，增进互信，消除障碍；同时增进与公众的交流，与自身的完善。

其六，被动反应警务（REACTIVE POLICING）。

在大多数人的印象中，警察应具备对突发事件的快速反应能力。反应时间是其效率的关键。危难中反应迟钝的警察必会名誉扫地。被动反应警务虽对突发事件有所反应，但有其与生俱来的缺陷。它过分地强调事件处置过程中的执行力，而忽略了警民的互动，对破案率无补。

其七，专制警察（REPRESSIVE POLICE）。

专制警察的存在是为了服务强权政府。缺乏民众支持的统治者或政府，利用专制警察来维持权力的运行，但专制警察需要在权力的运用与民众的承受能力之间寻求平衡。

其八，共享警务（COMMUNAL POLICING）。

共享警务通过社区与政府的努力共同实现。

## 王大伟对话

**无形警务（Informal Policing），最理想的警务模式，荒蛮遥远，人情十足**

无形警务（Informal Policing），又称非正式警务，是古代西方社会的一种警务方式。警务者，无形胜有形。最成功的警务不在警察之功。

无形的社会控制、传统的抑制是控制犯罪最有效的手段。在正式警务形成之前，甚至在警务的基础法律产生之前，传统的迷信、宗教、习俗和禁忌支配着人们的道德和价值标准。因为家庭是西方文明的核心，所以家庭控制是无形警务的重要组成部分。

中国古代，有世外桃源，安居乐业，渔樵耕读，志闲少欲，心安不惧，读圣贤书，行君子事，作奸犯科者少。

西方社会混乱论假设：从某种程度上说旧的社会结构固若金汤，人们安居乐业，以可接受的规章与条约约束自己，以社会期待的方式行为举止，家庭、学校、经济制度等都尽到了应尽的职责，上符人伦、下合民意。

这种荒蛮遥远、世外桃源式的社会可在工业革命前的各国农村中发现，如中国古代的村庄。持社会混乱论的犯罪学家对此津津乐道，奉为楷模。这种貌似单一，却运行良好的社会是由人们的生活方式所决定的。世外桃源式社会有以下特点：这里生活目的明确，没有个人选择的机会。人们有处理各种困难与事变的能力。返璞归真，以不变应万变。此社会的特点是：采用传统、民俗的知识及强烈的血缘联系、高度道德的小集体劳动，忽视政府和其他管理机构的作用，相对单一的民族结构等。在这里，社会控制是极为有效的，以至于背离行为规范的严重越轨行为如凤毛麟角，很难见到。人生目的简单明确，生命的期望与能获得的成就彼此协调，规则与习俗简明易懂，社会控制由风俗与非正式的、非官方的方式实现。这种社会与中国老子所描述的所谓："小国寡民，鸡犬之声相闻，老死不相往来"的境界颇有几分相似。

**反应警务论，警察现代化的产物，貌似有效，虚张声势，其实非议颇多**

被动反应警务（Reactive Policing）是一种随装

备现代化而产生的警务风格。20 世纪 30 年代至 60 年代兴起于英美等国家。它强调接报案后警察的快速反应，反应时间作为衡量警察效率的重要标志。它又被称为“消防队”式的警务。

对突发事件的反应能力有两个方面内容：一是反应的通信能力与交通运输能力，如通信器材和汽车等。二是通信、运输能力等实际能力与抗干扰性，如坏天气、远距离的反应。在此基础上，反应时间成为衡量警察效率的重要指标。反应时间是从接报警电话至警察到达现场的时间。现代西方社会，如果警察反应时间短，公众评价就高，反之就会招来不满。

但反应警务也有若干潜在危险。首先，不能把反应警务视为包治百病的灵丹妙药。反应警务论又称“救火车式警务”，即“平时看不见，电话一呼唤，来时急如火，去时一溜烟”。从 1960 年起，现代科技对警务工作影响巨大。正如现代医学，由于科技发展而产生了医学伦理学一样（如安乐死等），现代科技对警察工作的影响，也将引起警察哲学、心理学等方面的相应变化。

在新科学的浪潮前，警务方式、方法都发生了巨变，唯独警察心理没有变化。由于口袋式对讲机、汽车和计算机的引入，改变了警务风格，从过去以步行巡逻为主的传统方式，一跃成为坐在巡逻车中，手持步话机的机器人。

在此巨变中，警察有得有失。新一代警官已成为“技术警察”或“机器人”（Technological Cops）。既失去与群众的鱼水之情，亦失去了人心。除了冲突与对抗之外，警察与群众是“鸡犬之声相闻，老死不相往来”。

20世纪70年代，欧美警察信息情报系统实现电子计算机联网，犯罪情报、档案可在几秒钟时间远距离传送。这种秀才不出门、全知天下事的情况，直接造成了警察自我封闭。警察即成为“三种机器人”，即计算机、对讲机和汽车。人们惊呼警察机器人的世界降临。

福兮祸之所倚。科技的温床已埋下了隐患的种子。警察三个最珍贵的东西——群众的友谊、了解和联系，在技术革命中失去了。警民关系产生了巨大的鸿沟。鸿沟的一侧，警察画地为牢，走进反应警务死胡同；另一侧，群众则产生了误解、猜疑甚至敌意。

片面科技强警，使人见利忘弊。那种加强技术，加强法律就是改革方向的假设，乃庸人之见也。

**主动先发警务论，为世界警务改革带来新的曙光**

先发警务（Proactive Policing），又译主动提前警务，是20世纪60年代始于欧美的一种警务风格。它与被动警务相对应。它包括任何人类减少犯罪的努力、行为与活动，旨在唤起社会并采用各种手段减少犯罪。先发警务以预防为主，强调社会各界的合作，从根本上减少犯罪的社会根源。

被动反应警务有三宝：科技强警、快速反应、速到现场，旨在打击犯罪。

主动先发警务在坚持快速反应基础上，又添三宝：情报先行、预警预案、社区警务，旨在预防犯罪。

**社区警务论，欧美五十年不变，长盛不衰的法宝**

社区警务（Community Policing），新型的警务改革方式。社区警务充分体现了主动提前警务论的精髓。

社区警务是警察装备现代化之后的又一场警务革命，即所谓第四次警务革命。它源于英国古代的“太兴”保甲制。现代社区警务提出于美国，发展于英国。20 世纪 70 年代后西欧许多国家采用社区警务模式。社区警务与传统警务的区别在于：社区警务以调查犯罪现状与其他社会问题为先导，以公众为打击犯罪的主体，以社会为根治犯罪的主战场，以宣传、组织、教育公众为警务工作的中心。社区警务是西方警务改革的重要趋势之一。

从前面八种警务风格的描述中，可以了解安德逊改革的主导思想：

1. 概括了从原始社会到现代社会警务风格的全貌。

2. 描绘了警务风格变化的总趋势，即返璞归真。从古代的非正式警务论、镇压警务论、被动警务论，一直到反应警务论、主动提前警务论和社区警务论。

3. 体现了对镇压警务论、被动警务论、反应警务论的批评与部分否定，对非正式警务论的怀念及对主动提前警务论与社区警务论的赞扬。

安德逊的思想主要源于他长期警务工作的实

践。几十年前，他就开始了从基层警员干起的漫长警察生涯。他深受罗伯特·比尔警务思想的影响，对英国平民化、自治式警察体制充满自豪。他的警学理论擅长思辨，被称为“安乐椅上的警察哲学”。

# 对话五：最少使用武力定律

（The doctrine of minimum force）

最少使用武力定律是英国警察的优秀遗产，亦即理想民主警务之基石。

——安德逊

止戈为武。

武力乃权力之根本，也是警察学研究的核心之一。剑可御敌，亦可自伤，故高明的剑客，知何时拔剑，更知何时收剑。

## 安德逊开讲

**安德逊认为，武力本身是中立的，无法律限制的武力是违法的**

武力本身是中立的，然而，其潜在的破坏力是巨大的。在现代社会中，国家本身对武力有着绝对的支配权。在秩序井然的社会中，使用武力及由此造成的威胁使得法律必须对其有所限制。

无法律限制的武力是危险的。

**安德逊呼吁慎用最大使用武力定律（The doctrine of maximum force）**

尽管在抵御外辱时意义重大，但是最大使用武力定律（The doctrine of maximum force）的倾向在英国的警务中很难见到，即使在面临穷凶极恶的恐怖分子时也不能例外。

在道德层面，暴力本身便是邪恶的；而其只有被用于制止邪恶时，才被奉为善行。

**最小使用武力定律（Doctrine of minimum force）是英国警察的优秀遗产，亦即理想民主警务（Superior democratic policing）之基石**

英国警察奉行最小使用武力定律（Doctrine of minimum force）。从 1829 年伦敦大都市警察的建立至今，这一观念一直被平民化的警察充分地诠释。

与世界其他主要国家不同，英国警察通过与公众的合作来展开工作，而非使用武力。

此仍平衡，因为武力与公众的支持率成反比。

在英国，对没有再犯意图的杀人犯进行射击也是违法的。

这一定律使得英国警察是武器配置最小化的，警棍只是一种象征。最小使用武力是理想民主警务（superior democratic policing）的重要构成要素。

## 王大伟对话

### 止戈为武，兵器为凶

孙子曰：兵者，国之大事，死生之地，存亡之道，不可不察也。

最小使用武力定律（Doctrine of minimum force），乃西方警学之精华，警务原则之核心。

本原则与满意决定警务和警察合法性两大理论密切相关。在理论研究上，强调坚持盎格鲁—撒克逊警察模式的特点（英国模式），即平民化、非武装性质和服务职能。强调英国警务风格中预防为主，重视警察与公众关系的历史遗产。在实践中限制动用武力，特别是在对待治安事件时保持克制、冷静，力图捍卫文职化力量的形象。

**王大伟有关最小使用武力定律的三大原则**

在欧美警察科学中，最小使用武力定律有三大原则：

其一，“形败实胜的战略”。

其二，警察平民化特质。

其三，非杀伤性武器。

其一，“形败实胜的战略（To win by appearing to lose）”。

《孙子兵法》说：“不战而屈人之兵。”“形败实胜的战略”就是表面失败，但赢得最后的胜利。

在实践中，英国警察创造了“形败实胜的战术”，直译为“以表面上的失败换取胜利”。

形败实胜是英国警察在处理治安事件中采用的主要战术，是最小使用武力论的具体体现。

20 世纪 60 年代，海德公园常常发生学生的游行示威，特别是反对越南战争的学生游行。学生们排着整齐的队伍，举着标语在伦敦大街上游行。警察也排着方队挡住了学生们前进的方向。两支队伍在相距 100 多米的地方停住脚步。100 米是警察防暴的安全距离，因为学生们的石块是扔不了 100 米的。警察方队是手持有机玻璃盾牌的尖兵防卫线，阳光照在盾牌上好威武，像古代决战的战场。突然，盾牌闪开了一道线，十几名警察冲向学生的队伍。警察身高马大，年轻力壮，制服里暗藏着防刺背心，要紧的地方都多穿了些衣服。学生们一见警察冲了过来，顿时群情激昂，围住这十几名警察，拳打脚踢。警察只有招架之功，并无还手之力。不一会儿，就被打破了鼻子，或划破了脸皮。突然，信号笛响，警察反身，夺路而逃，冲回自己的方队。躲在树后边的录像机、照相机一齐拍照。学生们根本就不知道。

次日，各大报纸都登出了警察被殴打得血淋淋的照片。配有大字标题：

“某警察被打得遍体鳞伤，他还是个只有 19 岁的青年！”

“某警察头被打破，鲜血直流。家中上有 80 岁的老母，下有幼子抱头痛哭！”

报纸大造舆论，人声鼎沸。老头开始骂学生粗俗，老太太开始同情警察。几天以后，学生们自知无趣，游行结束。舆论倒在了警察一面，警察成了社会扶助正义的英雄。这是一场争取民心的心理战，警察赢得了最后的胜利。

其二，警察平民化特质。

世界上警察粗分两类：一类大陆派，一类海洋派。大陆派的警察以法国、德国为代表，以军警的形式出现，还有一类是平民警察，以英国为代表，它叫平民化警察（Civilant），不配枪。世界警务革命的趋势是：无论是军警还是民警，武装水平都是非常高的。即使是世界上最平民化的英国警察，现在也是武装到了牙齿，这是全世界的共性。但有枪不能随便用，这就是西方警务理论中主要原则。以英国警察为例，在理论研究上，强调坚持盎格鲁—撒克逊警察模式的特点（英国模式），即平民化、非武装性和服务职能。强调英国警务风格以预防为主，重视警察与公众关系的历史遗产。在实践中限制动用武力，特别是在对待治安事件时保持克制、冷静，力图捍卫文职化力量形象。

其三，非杀伤性武器。

非杀伤性武器，即不死人，少伤人，易抓人。

橡胶子弹就是用来把人击晕的，但打不死。

电击子弹就是弹头带电，触到人就瞬间释放电能，把人电晕或电倒。

网枪类粘人武器：就是以枪发射的网，把人包在网里，使其无法活动。

粘人胶：发射出去后会散布胶状物体，粘性很强，立刻会使人被粘住的部位无法活动。

眩晕弹或闪爆弹：就是瞬间释放强光让人双目暂时失明，并且同时释放高分贝声音刺激人的耳朵。

### “不战而屈人之兵”亦警务战术之利器

“不战而屈人之兵”，语出《孙子兵法·谋攻篇》：“故善用兵者，屈人之兵，而非战也……必以全策争于天下，故兵不顿而利可全，此谋攻之法也。”善于用兵的人，降伏敌人的军队，却不用硬打。必定要用完善的计策争胜于天下，所以兵力不至于折损，却可以获得完全的胜利。

### 王大伟最小使用武力定律（Doctrine of minimum force）四议

其一，文明之师。

世界警察之父罗伯特·比尔建警之初，便奠定了警察平民化特色。英国人自称警学鼻祖，又以平民化之美德著称于世。故凡文质彬彬的警察，便是高贵的象征。

最大使用武力定律（The doctrine of maximum force），系大陆派警察的信条，以法国、德国为代表，在英国人眼中，不免粗俗远古，非文明之师。

最小使用武力定律（Doctrine of minimum force），是英国警察的优秀遗产，以慎武节兵、中庸亲民为特色。亦警察学的精髓。

其二，兵器不祥。

中国古人，有兵器不祥之说。军队御外，当船坚炮利；警察抚内，用兵须三思。故非杀伤性武器为首选。

其三，兵者诡道。

《孙子兵法》曰："兵者，诡道也。故能而示之不能，用而示之不用，近而示之远，远而示之近。利而诱之，乱而取之，实而备之，强而避之，怒而挠之，卑而骄之，佚而劳之，亲而离之。攻其无备，出其不意。此兵家之胜，不可先传也。"

"形败实胜的战略（To win by appearing to lose）"即不战而屈人之兵的范例。警察以表面失败，赢得世人同情，从而驱散游行公众。不费一枪一弹，兵不血刃，达成目的。

其四，霹雳手段。

曾国藩说："菩萨心肠，霹雳手段。"

"形败实胜的战略（To win by appearing to lose）"也罢，非杀伤性武器也罢，有时是战术，有时是宣传，路见不平一声吼，该出手时即出手。自欧美反恐战争打响之后，死守平民化的英国警察也武装到了牙齿，美国更是不惜发动战争，置恐怖主义于死地。

在反人质劫持中，欧美警察也一反昔日的斯文，果断用枪。可见，成也萧何，败也萧何，兵无常势，水无常形。

# 第二部分 警察論

(Police and Related Topics)

图注：英国白金汉宫换岗仪式上的女骑警

# 对话六：警察文化

（Police culture）

警察是特殊材料打造的人，虽然接触了太多阴暗，却是永远充满光明的人。

——王大伟

何为警察文化（Police culture）？即警察群体之心理特征，抑或警察异于他人之处。

警察文化系警察哲学的另一重要组成部分。

## 安德逊开讲

### 警察文化源于社会对警察的敌意

警察文化源于社会对警察的敌意。作为一种反应，警察文化有两种：健康的与不健康的。这两种反应因环境的不同而不异。在整个环境充满非法的敌意状态，警察会发展一种健康的、积极的团结精神，以此来适应生存，打击犯罪。

如果环境中一半是敌意，另一半是善意，情况就复杂了，有的所谓善意腐败、贿赂和欺骗，就容易导致警察本身的腐败。有的善意是真诚的、宽容的和建设性的，那么警察就可获得支持、同情与理解。

**凡事皆有利弊，警察文化优异过头，便滋生警察文化腐败（Cultural Corrupton）**

文化腐败（Cultural Corruption）。英国警察誉满全球，在大众中受到尊敬的原因：一是强健、二是正直。但最近有关伦敦大都市警察的刑侦部门的腐败报告，揭示了警察亚文化所起的消极作用，即本来积极的团结精神堕落为罪恶的死抱团伙，“忠诚”这个词被误用和曲解。当忠诚凌驾于警察之上，甚至在法律之上，忠诚就成了邪恶。这种对忠诚和团结的曲解就是文化腐败。

**“真正警察工作”干扰警察文化**

对于“真正警察工作”的理论，在警察内部

存在冲突与不协调的因素，这是警察亚文化在作怪。警察文化的特点：因循守旧、固执己见、不愿接受新事物与新观念。这在什么是“真正警察工作”这一命题中充分体现。

负责日常工作，按传统方式处理问题的警察认为巡逻是真正的警察工作。而社区警察认为改善警民关系才是真正的警察工作。同时，社区警察中存在疑问，天天走街串巷是不是警察工作？他们也对社区警务存在恐惧，担心自己以前受的传统警察培训不能胜任新生社区警务的需要。刑警则认为打击犯罪、侦破案件才是真正的警察工作。警察中的天之骄子是刑警，只有刑警升职最快，最有前途。

**环境问题（ENVIORNMENTAL PROBLEM），警察中立使警察增加公众认同感，减少警察文化中负面的东西**

当警察面临陌生文化的时候，他们更趋向于回到自己所熟悉的组织文化中。而随着警民间熟悉程度的增加，警察与民众之间的关系更加轻松融洽，同时也减轻了警察对自身组织文化的依赖。如果警察不居住在自己的辖区内，他需要适应工作地与居住地的两种文化。

在理想状态下的民主警务系统中，警察文化与公众文化在法律框架内是同一关系。然而，警察所代表的文化中问题诸多，对少数族群的不友好便是其中之一。

警察有必要做出巨大的努力来宣示“警察中立性”和社会认同感，这对多种族社会中的警察是一种挑战，同时也是一种平衡。

## 王大伟对话

### 何为警察文化

何为警察文化？至今尚没有统一的观点。但欧美警察文化，绝非中文的警察文化，更与跳舞、唱歌风马牛不相及。

王大伟认为，警察文化，即警察群体之心理特征。

作为一种职业和一个特殊社会群体，警察有其独特的、共享的价值观、行为规范和知识、技能体系，即有其特有的文化。

警察文化（Cop Culture）是欧美警察研究中的重要范畴，是警察哲学的重要内容。警察文化论，又叫警察亚文化论、警察特种文化论。它是研究警察文化、组织、心理特征的理论。

所谓亚文化，是指在一个大文化中的文化组，此文化组的兴趣、信仰等个性特征与占主导地位的文化不同。“亚”非不好、亦非次要。亚文化是指一个团体共有的价值观与道德标准，或心理特征。

## 警察文化的内容

警察有何异于他人之处？仁者见仁，智者见智。身为警察，立马横刀。大丈夫之勇，为警察文化之首要。

李白有诗：“晓战随金鼓，宵眠抱玉鞍。愿将腰下剑，直为斩楼兰。”杜甫亦有诗：“挽弓当挽强，用箭当用长。射人先射马，擒贼先擒王。”

欧美警察文化可分为两类：健康与不健康两部分。

1. 不健康方面：

（1）玩世不恭。天天与社会阴暗面接触，警察看到社会的腐败与黑暗，大彻大悟，冷漠无情。

（2）猜疑。猜疑是警察的职业病，是培训与多年工作的积累而形成的。无论是观看足球赛或是买东西，总是盯着嫌疑犯，总要问个为什么。

(3) 大男子主义。由于大男子主义，产生了部分人的酗酒与纵欲。

(4) 孤独。西方很多警察报怨，下班后很难放松，很难从市民的敌意中解脱。西方警察的自杀率与离婚率均高。

2. 健康方面：

(1) 工作神圣感，又叫布道感（Sense of Misson）。许多人把警察当作信仰与生命，而不是单纯的职业。法律给予警察神圣的使命，扶助弱小，抗衡强暴，打击犯罪，维护正义，又叫献身精神。

(2) 内部团结。由于需要同事与集体的力量，抵御侵害，警察内部互相支持。

(3) 务实。脚踏实地，办事严谨，小事做起，不善言谈，注重经验。

---

**罗伯特·瑞那警察亚文化的八种特性**

英国警学泰斗罗伯特·瑞那，在他的著作《警察政治学》中，全面地总结了前人对警察亚文化的研究。

1. 神圣的布道感。有人说："警察是一种会道门，是一种宗教。”这种宗教不带政治色彩，而是追求生命价值的努力，也就是扶助弱小、抗衡强暴的天地正气。警察的布道感不是痛苦，而是充满欢乐、挑战、激动与技巧。在警察看来，他们不单是汽车驾驶员，或是拳击手，法律给予他们神圣的使命。他们是社会和人民心中的好小伙子。

2. 玩世不恭与悲观主义。社会变得无情无义，警察不得不变得冷漠无情，变成“厚脸皮”式的人物。警察早就知道，要追求恢复的道德规范已很艰难。神圣的布道感在警察中是千差万别的。警察可分为两种人：一种是“新百夫长”，他们是充满责任与神圣色彩的。一种是“制服架子”，他们是典型玩世不恭派，吃饱饭混天黑的主儿。对现实工作的失望早已将神圣的布道感彻底打破，万念俱灰。许多警察把与犯罪分子的斗争视作儿戏。

3. 猜疑。疑心生暗鬼，这是警察的职业病。有名侦探说：“独自骑车心茫然，见到个火柴盒，或是丢在地上的支票写着车号，都要问个为什么。总是盯着怪人，想着怪事，活像站在学校门口的老人。”猜疑是职业病，源于不断地寻找问题、调查潜在的危险的工作。

与猜疑同时发生的是心理定式，即总是戴着有色眼镜看人。

4. 对外孤独与对内团结的共鸣。内部的团结与外部的孤独是警察的两大特点。警察被叫作无家可归的部落，或无家可归的人。从 1829 年罗伯特·比尔建立伦敦大都市警察起，警察就被人为地树立为无人情的权威化身。警察对外孤独感，正是这种政策所造成的恶果和所应付的代价。而内部团结，一方面是对外部敌意的反击，另一方面也是需要用集体的力量来抵御违法的侵害。

5. 警察保守主义。警察的格言是伸张正义。这实际上是布道感的一种表现。持批评意见的人说警察是在伸张正义的旗帜下表现政治倾向。警察是政治上和道德上的保守主义。在英国，警察一般不支持工党和“左派”，带有明显的保守色彩。

6. 大男子主义。虽然警察带有保守党色彩，但绝不是清教徒。警察世界是一种老古板的大男子世界。在女警察眼中，男警察是一伙性夸耀和胡作非为者。

7. 种族歧视。许多研究证明，警察与黑人的关系紧张。警察歧视黑人，黑人不支持警察。许多美国人研究证明，警察歧视黑人，这不是警察的事儿，而是整个社会的态度。

8. 务实主义。警察文化的另一特征是脚踏实地的工作作风。一方面严谨，另一方面又浅薄。就基层警察而言，他们的风格是喜欢务实，喜欢具体工作，脚踏实地，讨厌理论。

# 对话七：警察与媒体

（Police and media）

如果与民众有效的沟通能够支持现代民主警务的发展，那么，所有沟通，都应该认真研究和正确应用。

——安德逊

警察本质为公仆，或曰社会工作者。媒体对警察，如彩翼对凤凰，如云霞对苍龙。不可不察也。

## 安德逊开讲

**警察与民众的有效沟通至关重要，警方是综合治理大军中的一支**

现代民主警务（Modern democratic policing）

建立在良好的沟通基础上。暂且不论警方内部的沟通，警察与民众的有效沟通至关重要。

“民众”（Public）一词包含了众多的社会群体，正确地理解这一概念十分重要。因为其含义会随着人群的不同，而有细微的差别。现代民主警务（Modern democratic policing）之所以如此倚重有效沟通，是因为警方是综合治理大军中的一支。如果一方诉求不被对方所了解，合作则变得不切实际。

专制集权社会中的警务，更加依赖于命令与强制性手段，完全不存在与民众的对话，有的只是警察的独白。

**警察应充分利用、宣传自己的正面形象**

通常，“大众媒体”（The mass media）一词包含广播、电视和报纸，其中任何一个都有自身独特的传播路径和信息输入与输出路径。由于警方在与民众的交流中存在巨大的效益，正确地理解大众媒体的受众、文化、目的、方法与影响十分重要。

与广播和报纸相比，电视集视听于一身，使得人们在接受信息时轻松愉快，寓教于乐。

由于大量以警察为题材的电视节目的播出，使得警察的形象非常负面。鉴于此，警察有必要通过电视输出积极的文化并与民众积极的沟通互动来扭转这一局面。有效地利用电视可使警察树立积极正面的形象。

---

**媒介对加强社区中的自我警务（Self—policing）有着巨大的作用**

广播的普及率远比电视要高，从便携式电台到车载晶体管电台，随处可见。通过广播，时政信息、娱乐快讯等各种新闻被不断输出。但广播不像电视一样，不会让受众迅速地产生直观的印象与判断；当然，特殊的节目可能也会有立竿见影的效果。总之，通过声音传播的信息需要很长时间才能显现效果。警察应该去适应这种时间上的不平衡性，并且运用广播媒介去创造性地发展与社区民众的关系。通常，由于使用全国性的广播时，其事件必须是有全国影响性的，所以警察开展社区警务（Community policing），进行犯罪调查与预防，发布道路交通安全信息时应该充分发挥地方性广播性电台的作用。电台这一媒介对加强社区中的自我警务（Self—policing）有着巨大的作用，因为大多数人对预防犯罪和营造和谐的邻里关系是非常感兴趣的，他们期望对社区警务贡献一份自己的力量。因此，警察在运用电台开展警务方面，具有很大的潜能。

报纸分为全国件和地区性发行两种。每一种都有其自身的价值，同时也都对警务工作提出了挑战。

报纸存在的价值在于披露事实真相，发表评论。但作为一个经营项目，其首先必须得存活，所以其应该能够通过丰富多样的内容，来满足读者的需求。

警方通过自己的公关部门提供了大量的新闻，但其前提是不违反警方的保密规定。就某一问题，警方应先于报纸出于增加发行量的需要而坚定地表明自己的观点，而不是在压力面前迫不得已地敷衍了事。

**警方若消极被动地面对社会中遇到的问题和挑战，则不能自保**

在所有的沟通方式中，直接的言语交流是给人印象最为深刻的一种，这是因为信息的接受者能够直观地感受到信息发布者的风度，进而形成直观的印象。

人们对在电视上看到，或在电台中听到以及报纸上了解到的信息或多或少地会持一定的保留态度。但这不能低估媒体对警务工作影响的潜能。

如果与民众积极有效的沟通能够支持现代民主警务的发展，那么所有沟通的形式和方式都应该被认真研究和正确使用。如果警方消极被动地面对参与型民主社会中遇到的问题和挑战，就没有资格去抱怨所受到的责难与非议。

## 王大伟对话

### 媒体对警察，如彩翼对凤凰，如云霞对苍龙

说到与媒体的关系，首当认识的是警察角色冲突论。媒体常把警察歪曲为标准战士，不食人间烟火，以博得公众的眼球，以获得高收视率。

角色，英文为“Role”，带有性质、作用与机能的含义。冲突，英文为“Conflict”，其含义为：一种对抗或敌意的战斗与斗争状态。警察角色冲突，指社会、警察部门与警察个人对警察的期待作用与现实的差异和冲突。

无论是电视或戏剧都往往把警察工作描写得充满神秘色彩，充满枪击、破案等惊心动魄的场面。而现实工作却常常是平凡事务和服务性工作。期待角色与实际角色之间的差异，造成了公众警察内心的不平衡。

## 警察角色冲突的原因

对警察角色的误解包括两个主要方面：一是宣传媒介的歪曲，二是警察自身的误解。两种误解的综合，造成角色冲突论。

1. 宣传媒介的歪曲。

首先是电视、电影、小说等娱乐媒介的歪曲。警匪片是大众喜闻乐见的形式之一。所有这些作品的通用模式是：警察工作就是破案，每个警察都会武功，都是神枪手；警察往往是007式的人物，英俊、高大、机智过人。美国人塞缪·沃克首次列举了一份有关警察节目的研究报告，该报告说明了文艺作品的七项不实：（1）过分突出破案过程中的暴力和刺激性。（2）过分强调破案时的技术复杂性。（3）不承认公民在协助警察方面的作用。（4）夸大了警察在拘捕罪犯中的成功方面。（5）过度估计了街道暴力犯罪的严重性，为警察使用暴力提供了口实。（6）过分渲染了变不可能为可能的“鬼把戏”。（7）极端蔑视宪法赋予的公民权利。

其次是新闻媒介也同样过分强调了警察的执法作用。在电视新闻媒介与报纸头版有关警察的报道中，绝大部分都是与贩毒、爆炸、逮捕有关的事件。戏剧性的情节与渲染往往使得大量日常警务工作失真。

2. 警察自身的歪曲。

很多西方警察局的领导，都愿意把自己说成是打击犯罪的英雄。警察局公布的数字报表，大多是以报案数、破案数为主的，忽视了有关警民关系、公众满意程度、群众参与破案的巨大工作。仿佛警察工作决定着犯罪数量的起伏与社会治安的好坏。

**王大伟：面对媒体十要诀**

1. 在媒体面前如果不知道讲什么，就想想人民是父母长辈，被害人是兄弟姐妹。多讲对群众的关心话、知心话、侍奉话。

2. 既要做 007，又要做马天民、任长霞。在媒体面前放下打击犯罪战士的架子，放下专家学者的架子，做预防犯罪的宣传员，做关心群众冷暖的服务员。

3. 在媒体面前少说官话，少说别人的坏话；不说谎话、不讲没良心的话。

4. 把警察学、犯罪学、被害人学都变成大白话。

5. 敢做电视节目，敢逗着大家欢乐。不怕别人的讽刺嘲弄。警察中也允许有诗人、相声演员、海归与学者。

6. 警察巡逻带玩具，乘警上车打快板。笑一笑，十年少。

7. 利用电视、广播、微博、博客说平安歌谣、讲平安童话、做平安童操。做中小学生的守护神。进社区、下厂矿，成为大爷大妈的知心人。

8. 穿得整洁，笑得灿烂。警察也需要帅哥美女，也需要明星大腕。

9. 对人民是盾牌，对敌人是利剑。人民看着你，人民信任你，一身正气，永不屈服，永不言弃。

10. 不下过早的结论，不讲过激的观点。不知道就不说话。

# 对话八：警察与技术

（Police and technology）

警用技术是双刃剑。警察与公众之间的距离越来越远，警民鱼水情不复存在，信任与理解也慢慢消失。

——安德逊

世界各国，特别是发达国家，无不将最先进的科学技术用于警务。

## 安德逊开讲

### 警察建设必须跟得上科技进步

警察的建设必须跟得上社会变革与科技进步（Scientific as well as social change）的步伐。

汽车在警务中的应用便是很好例证。设想一下，用步巡（A foot police）的方法去管控摩托化社会所带来的影响不亚于用不配枪的警察去管理持枪合法化的社会所带来的影响。

1934 年英国皇家空军元帅（Marshal of the Royal Air Force Lord Trenchard）在担任伦敦大都市警察总警监（Commissioner of the Metropolitan Police）时建立了第一个法医科学实验室（Forensic science laboratory）。正如科学可以被用来帮助陆海空士兵一样，其也应该被用来帮助警察。

## 警用科技与保护个人隐私相悖

公共安全领域中新技术的引进对保护公众生命和财产安全产生了巨大影响。现如今，电子眼和监控设备随处可见，其在增加管控力度的同时也限制了公众的人身自由。

即使自由民主国家的警察，也需要收集和掌握信息来完成任务，但新技术的应用对个人隐私造成了巨大的威胁。因此，警察在应用新技术时应慎之又慎。

## 警用科技增大了警察与民众之间的鸿沟

过份强调技术的便利性会带来诸多危险。首先，警察与公众之间的距离越来越远，警察给公众留下了千人一面的印象，门难进、脸难看，使得警民间的鱼水情不复存在。彼此间的信任与理解也慢慢消失。警察看起来似乎无所不能，公众也不再愿意提供帮助。当然，技术不是面面俱到的，其在提供了超高效率的同时，如若不慎，也会泯灭民主警务的本质。

## 警用科技对警察培训提出了新的要求

科技进步的速度不仅影响了警察与公众的关系，而且也对警察内部提出了挑战。首先，要加速对所有警务人员和专家的培训。目前，高级警官所关注的是对技术的管理及对其重要性的理解；中下层警务人员作为具体的实施者则需要具体的培训与指导。然而，矛盾的是中下层人员对技术重要性的了解反而比高级警官要多。最为理想的模型是高级警官只负责决策与指挥，中层的专业人员负责开发与研究，下层的人员负责具体实施。

因此，为了保持与科技进步的同步，警察必须接受基本技能和专业化的技术培训（General and specialist training）。同时，警察不应过分地追求科技带来的效率而牺牲高尚警务的本质。

## 王大伟对话

### 第三次警务革命叫警察现代化，警察现代化如同电光火石，瞬间划过

第三次警务革命叫警察现代化。开始于 20 世纪 30 年代，到 70 年代逐步终结，此乃警察最辉煌的一段历史，称为“四个现代化”、“三个增长”。

第一，车巡代替步巡，

第二，通信现代化，

第三，计算机的革命，

第四，个人装备现代化。

这叫四个现代化。

三个增长：即人财物迅速增长。除了四个现代化以外，还有“三个增长”，叫“人财物”。

### 欧美警察现代化的弊病颇多，应引以为戒

20 世纪 70 年代，警察现代化把警察推到了历

史的黄金时代。但如此辉煌，为何到 70 年代就突然放慢了脚步呢？警察现代化的进步同时，带来了巨大的弊病：

1. 犯罪与警力增长同步。增加警力的初衷是要遏制犯罪，但是警力翻一番，犯罪跟着翻一番，这需要各国警察的有识之士冷静地思考。

2. 警民关系恶化。警察现代化的最大弊病，就是脱离群众。警察天天坐在巡逻车里。西方的老百姓对鸣着警笛、招摇过市的警察非常反感。

---

**公众心声：要更夫不要机器人**

老百姓说："警车车轮子跑得越快，离我们群众越远。"西方警学界出了一个词，就叫"更夫"。西方的警学命题就是"更夫和机器人"。

何为现代化的警察？

现代化的警察应该是更夫，而不是机器人。

何为更夫？更夫多为村中老者，一手持灯笼，一手持梆子，走街串巷，报时安民。他们是世界上最早的巡警。

为什么提更夫，更夫和老百姓贴得最近。更夫就在自己的一亩三分地里，谁家情况都知道，和群众最贴近。所以老百姓说，“宁可要更夫，也不要机器人”。

警察装备现代化包括通信与交通器材装备的全面现代化。欧美发达国家的公众对头戴钢盔、身穿防弹背心、驾驶着全天候巡逻车的“机器警察”十分反感。强烈要求警察重新回到公众之中，发出了：“要传统更夫，不要机器人”的呼声。

20 世纪 60 年代英国警察曾是国民引以为骄傲的象征。那时警察与家属一起住在村里，熟悉乡亲、熟悉乡村，成为公众的朋友。20 世纪 60 年代后，巡逻车逐步普及，一台全天候巡逻车最少需要配备 4 名警员。警察离开乡村，向城市集中。当警察坐上巡逻车以后，与公众的关系就逐步疏远。许多警察感叹失去了昔日的“黄金时代”。1976 年，英国进行公众调查：“怎样才能做一个现代化的警察?”公众的回答没有一项是指向装备的，全部答案都是指向诚恳、理解、同情、合作等有关警察品质与道德的内容。

第四次警务革命是指发生在 20 世纪 70 年代欧美各国警察中开展的警务改革。改革以对警察科学理论的反思与突破为先导，以社区警务为主要内容，以全社会的力量打击与预防犯罪为重点，追求历史上“自我警务”、“人人皆警”的传统模式，形成主动提前式警务风格。

**欧美所谓“无犯罪城”（Crime-free society）是治标而非治本。**

技术预防是指采用电子设备、防盗锁、插销与栅栏等抵御犯罪。威尔禾（Wheeler）评论道：“技术预防最诱人的地方是少花钱。尽管买设备要花去一大笔钱，但比起各种从根本上改变潜在罪犯的技术要便宜得多。”典型的技术预防是美国人所建立的“无犯罪城”（Crime-free society）。在这种试点中，家庭处处安置报警器和暗道机关，人人不离警犬。技术预防有三种不足：首先，报警系统时常出错，枪械经常走火。其次，技术预防只能转移犯罪，不能遏制与消灭犯罪，治标不治本。最后，安装防盗设备使居民变得过分依赖科学技术，而丧失了传统的邻里互助，形成被动反应的心态。

**评价外警高科技的四大定律**

比较高科技在警务工作中的应用，首先，要承认发达国家的警用科学技术先进一些，其次，要客观评价发达国家的警用科学技术，切不可盲目崇拜，妄自菲薄。

定理一：同步基准

警用科学技术是与整个国家的技术水平同步的，既不会超前很多，也不应落后很远。美国警察已广泛采用电子计算机办公，逐步向“无纸张办公化”发展。这是因为整个美国都在向这个方向发展，绝不是光指警察一家。

定理二：技术基准

评价本国警察装备，应以本国的技术装备为评价的基准。如果发展中国家警察以发达国家的技术装备水平配备自己就是超标准，就是浪费。

定理三：犯罪基准

警察与军队不一样。军队的目标是与外军作战，而警察，主要对手是国内的犯罪分子，故应以本国犯罪的技术水平评价本国的警察技术水平。罪犯与警察两者的技术水平是相关的。计算机犯罪与计算机安全两者既是对立的，又是相互依存的。这种对立与互为依存的关系表现在多方面，如高速公路犯罪与公路巡逻；劫持人质与快速反应部队。发展中国家警察技术水平可以超前于犯罪，防患于未然，但不应盲目照搬发达国家的经验，否则将给国家造成巨大的浪费。

定理四：心理基准

发达国家的警用技术装备不可能样样好，中国的警用技术装备也不可能全比外国差。日本东京警视厅的“110”报警台指挥中心很宽敞，装备也非常现代化，设有电子计算机化的报警显示地图，随时可进行巡逻车定位及安排最近警力，以最快的速度到达现场。而比利时、荷兰的就很一般，房子不大，技术也好不了多少。

发达国家也应分个三六九等。例如，英国警察在大街上巡逻，身穿防弹背心，其实有一段时间，防弹背心是警察自己买的，不是发的。由于爱尔兰共和军恐怖活动猖獗，警察不得不自费购买防弹背心。英国警察工资虽高，但除去买房款、所得税，余下也很有限。

正确评价外警的高科技，关键在客观二字。客观应是同步定律、技术基准定律、犯罪基准定律、心理基准定律的统一。当然，客观决不是妄自尊大或妄自菲薄，而是承认差距，并迎头赶上。

西方“要传统的更夫，不要机器人”的呼唤，启示在于：世界警务改革趋势的指向正是我国公安工作的优良传统。面对挑战，切不可只抓装备现代化，而忽视了警民关系等优良传统。

# 第三部分 犯罪论

(Crime)

图注：英国警察邻里守望标志牌

# 对话九：犯罪不可避免论

（Crime and its inevitability）

他们不会单纯地幻想一夜之内消灭犯罪，不相信砍了小偷的手，就会天下无贼。也不过多地迷信技术防范与探头。他们知道，人民群众才是打击犯罪的主力军。

——王大伟

犯罪学与警察学本质上是一对孪生兄弟。两者互为补充，互为启示。

世人多认为，治乱世以重典，严刑峻法，犯罪将绝迹；警察也认为，倘若严打不断，犯罪一定会被根除。结果真是如此吗？

## 安德逊开讲

### 追求没有犯罪的社会，无异于痴人说梦

追求没有犯罪（Crime—free society）的社会，无异于痴人说梦。犯罪从来没有停止过，未来也不会停止。社会和法律的变革与变动，都可能导致犯罪的产生，和犯罪数量的增加。

### 把犯罪单纯地看做是邪恶，是大错特错。犯罪不是一种行为现象，而是一种法律现象

把犯罪单纯地看做是邪恶，或反常行为便是大错特错了。犯罪不是一种行为现象，而是一种法律现象。

按照释义，所有形式的人类行为都是合理的。人性都有两面，邪恶与善良、诚实与不诚实。

如果社会认定残暴行为是一件坏事，该社会文化也对其进行谴责。在民主健全的社会中，人们便会对其进行道德上的谴责和法律上的制裁。这样，残暴行为会不断减轻，为了使其降至更低的程度，法律便派上了用场。通过这几种手段，残暴行为可以被有效控制。

有人会说，使用更加严酷的惩罚手段，残暴行

为可以被根除。但人类发展证明这一观点有误，因为有可能达到以暴制暴的效果，也有可能无效，进而被其他的控制手段所取代。

**犯罪不可能彻底消灭，但可以以正压邪，形成控制之势**

社会不得不承认，有的犯罪是不可避免、不可根除的，由此，其目标是把犯罪控制在可接受的范围内。这并不是纵容犯罪，而是完全根除该种犯罪成本太高。

然而，在犯罪方面一些危险的信号不能被忽视。杜克海姆（Emile Durkheim）有一个观点叫做社会反常状态论（Anomie），这一观点来自于中世纪的学者（Medieval schoolmen），其认为：社会期望与目标太明确、太高，以至于一部分人不可能达到。由此，这部分人会对社会及其本身的价值进行蔑视。这会导致异化，进而埋下犯罪的种子。

**预防大案要案，综合治理为上**

因此，虽然某些犯罪不可避免，但大案要案犯不应该被认为不可避免，也不能被接受。

据此，刑法孤掌难鸣，只能靠综合治理，如提升社会的公正度。如果社会贫富差距悬殊，犯罪必将直线上升。

因此，单纯地谈论某一犯罪没有意义，因为不同犯罪之间的差异明显，起因也各不相同。

## 王大伟对话

**犯罪十论。问世间犯罪为何物，直叫人如堕迷雾？**

1. 犯罪为标定。从刑法学而言，犯罪不是某种行为。犯罪不单单是邪恶，邪恶亦未必都是犯罪。犯罪是法律对某种行为的标定。说你是犯罪，你就是犯罪。有人诡称，如果取消了刑法，明天即可消灭全部犯罪，也不无道理。

2. 犯罪太极论。正义为阳，邪恶为阴。司法为阳，犯罪为阴。警察为阳，罪犯为阴。相生相克，无有终时。阳中有少阴，阴中有少阳，故正义中藏小恶，罪犯中有小善。消灭犯罪，无异于痴人说梦，今天不可能彻底消灭犯罪，但可以以正压邪，遏制与预防犯罪。以正压邪，即为太极。

3. 社会震荡模式。一个社会的犯罪升降，取决于三个要素：首先是震荡源，包括阶级斗争、自然灾害、贫富差距、道德多元化等；其次，震荡源引起社会震荡；最后，社会生态被破坏，如家庭、学校、社区遏制犯罪的能力下降；以上三要素，决定刑事犯罪高峰之产生。新中国成立以来的四次犯罪高峰，无不循此规律。

4. 个人失衡模式。古人云：“穷生盗、奸生杀。”马加爵犯罪，李磊杀人，震动社会。但所因为何，不甚知了。个人失衡模式有三个要素：首先，生理心理原因。这些多为人们所忽视。今有百分之二十的犯罪原因不明，多为生理心理疾患。关于生理心理与犯罪研究有很多，包括：矫正分子学派、染色体研究、双生子研究、癫痫与犯罪、心脏不稳定性研究、潜意识与犯罪、反社会人格……其次，个人小环境。包括芝加哥学派、亚文化理论、社会反常状态论……最后，易作案机会。即易犯罪情景。

5. 犯罪八卦。犯罪不是单一成因，而是复合层级成因。世上关于犯罪成因的学派有150余种。犯罪心理学、犯罪生理学、犯罪社会学等，各执一词，互不相让。诸如分析马加爵杀人案，犯罪心理学强调反社会人格，犯罪生理学坚持马加爵面目狰狞，犯罪社会学认为家庭贫穷是唯一原因。如此等等，就像坐井观天，盲人摸象。

犯罪八卦论，分为两大模式以及六大要素。

（1）社会震荡模式。

要素一：震荡源。

要素二：社会震荡。

要素三：道德多元化。

（2）个人失衡模式。

要素四：生理心理原因。

要素五：个人小环境。

要素六：易作案机会。

共六条线，即六爻八卦。

6. 单纯打击是治标。严打的机理，是“即将到来的恐惧”，用大白话说，即为杀鸡儆猴。严打古来即有之，古英国有300种死刑。中世纪英国惩罚小偷，施以绞刑。当时伦敦有民众八万，每次绞刑，要组织二万人围观，杀鸡儆猴，以正民心。不想行刑当时，围观者中多有盗贼混入，单等午时三刻，绞刑绳索一拉，小偷乘机盗走金表钱包。可谓对绞刑的莫大讽刺矣。

7. 技术防范昙花一现。五十年前，美国、加拿大技术预防盛行。美国建设“无犯罪城”。家家闭路电视监控，户户防盗栅栏锁门。草木皆兵，拥枪养狗。刚安装技防设备时，小区犯罪急剧下降，不久又恢复到以前水平。技术防范，花费重金，治标不治本。

8. 四次警务革命。自英国内政大臣罗伯特·比尔建警，警务革命有四次。第一次，1829 年罗伯特·比尔建警，即苏格兰场；第二次，20 世纪 20 年代美国警察专业化运动；第三次，20 世纪 40 年代至 80 年代的欧美警察现代化运动；第四次，20 世纪 80 年代世界性的社区警务运动。第三次警务革命，警察人财物剧增，成为打击犯罪的战士，顶盔带甲，武装到牙齿。以快速反应为标志，可好景不长，犯罪与警力同步增长，警民关系恶化，快速反应效果不佳。因此，社区警务应运而生。其强调产生犯罪的根源在社会，人民群众才是打击犯罪的主力军。

9. 犯罪转移。犯罪似水，罪无常势，水无常形。犯罪可流动，从高向低转移；从打击严的地方向宽松的环境转移。甲派出所打击力度大，防范措施得当，年发案即下降，但减少的发案数不会消灭，而是转移到乙派出所。犯罪数守恒，只是流动而已。

10. 从预防犯罪到预防被害。预防犯罪，如同预防癌症。污染竞争，发病率上升。一旦得病，家破人亡，一不能怨医生，二不能恨社会。

我们不可能降低整个社会的发病率，但经过个人养生，多运动，多开心，多吃蔬菜，使自己不得癌症。提高自己防范意识，教育子女防范技能。给小偷一个不偷你的理由，就是老百姓对付犯罪的最佳方法。

**犯罪的十个秘密**

1. 你可以明天早上就消灭犯罪，取消刑法即可。

2. 谁也不可能彻底消灭犯罪，正义与邪恶互为太极，相生相克。以正压邪，即为太极。

3. 犯罪高峰如沙尘暴，大风是社会震荡，基层政权如草场植被，这叫社会生态。大风不怕，就怕植被都被啃光了。

4. 今有 20% 的犯罪原因不明，难道杀人不需要理由吗？从马加爵到李磊，多研究一下生理心理疾患。癫痫也可诱发犯罪、洋快餐、潜意识、更年期、染色体也与犯罪有关。

5. 犯罪不是单一原因形成的，好多条件加在一起才成。

6. 历史证明砍小偷的手、吊死小偷不能减少犯罪。

7. 欧美的实验证明探头与报警器可以使犯罪下降，但不久又会上升。治标不治本。

8. 犯罪分子最怕的是老百姓都动员起来，而不是单纯怕警察。

9. 甲派出所打击力度大，防范措施得当，年发案即下降，但减少的发案数不会消灭，而是转移到乙派出所。

10. 预防犯罪，如同预防癌症。得了癌症别怨医生。自己养生比看医生重要。别抱怨警察，教会孩子自警自救自护，给小偷一个不偷你的理由。

# 对话十：犯罪思考论

（Consideration of crime）

犯罪是社会之镜子。犯罪统计曲线，正如心电图之起伏，反映社会之病痛与健康。

——王大伟

在犯罪思考论中，安德逊从六个角度审视犯罪。

## 安德逊开讲

### 其一，从法律角度思考（LEGAL CONSIDERATION）

犯罪可以被看作是法律问题，因为法律对犯罪定义并惩罚。然而，没有其他因素的作用，单纯的法律解决方式会带来很多问题。正如 Henry Maine

先生在其著作《古代法律》(Ancient Law）中所说："社会需要和社会观点总是先于法律而存在。我们可能会无限弥合社会与法律两者差距，但其分离的趋势却永远存在。"

警察深知此道，因为很多现行的法律，由于社会的不认可而不能推行。但如果警察对现行陈腐的法律说三道四，不仅对其自身造成麻烦，也影响警务工作。

执法过程中的判断力、自由裁量权（Discretion）和业已存在的优先权（Establishing priority）是警察的三板斧。应对犯罪，过度使用法律，会导致警察忽视预防犯罪。

**其二，从受害者角度思考（VICTIM CONSIDERATION)**

从受害者的角度分析犯罪是一个全新的视角。

警察比其他任何机构都更能认识到犯罪的危害性，这种危害性不仅限于财产，更指向人身。

奇怪的是，就关注度而言，受害者远低于犯罪者。

投入大量的资源和努力去研究犯罪的起因及如

何惩治犯罪固然重要，但这并不是说对被害者的关注无关紧要。

当然，很多被害者具备对自己负责任的能力；保险公司可以为投保人消除很大的困难。法律援助条款可以为那些不太富裕的人提供法律援助，并且一些社会公益律师会提供无偿的援助和建议。然而，所有这些涉及的是，有已知罪犯或嫌疑人对受害人造成的合法权利的侵害，还有一部分犯罪是由未知的违法犯罪者进行的。

据说，警察只可侦查到犯罪线索的约 10%，所能侦破的案件只占所报案数的 50%，因此，多数的被害者不知道加害方。

警方未对犯罪的被害者提供急救和帮助，然而社会却觉得习以为常。显然，这是错误的。现在，人们开始觉醒，越来越多的被害者救助组织（Victim Support Groups）开始出现，在波士顿 Bristol 出现了第一个这样的组织。

忽视被害者的社会，即是在纵容犯罪。同时，对社会来说，关注被害者是天经地义的。

所有的公民都是犯罪的潜在被害者，因此，国家理应运用各种资源去研究这一问题，包括其可能性、影响和解决措施。但现在还没有这样的学科，但有迹象表明，其可以作为犯罪学（Criminology）的一个分支而存在。

了解不同种类的犯罪、犯罪的属性以及加害方与被害方关系非常重要，这将极大地调整警力资源配置，提高案件侦破。

**其三，从违法犯罪者角度思考（OFFENDER CONSIDERATION）**

从受害者的角度向罪犯的角度进行思考是很自然的。除了法律角度外，违法犯罪者被考虑的最多。

由于其千变万化的属性，所以从违法犯罪者的角度进行思考难免会给人造成困惑。但是，蔑视法律无借口可言，最终都会落入法网。随着社会的复杂化以及众多法律的颁布，人们会有意无意地犯罪。因此，违法犯罪变得只是一个程度问题，而非类属的问题。

**其四，从道德角度思考（MORAL CONSIDERATION）**

在思考犯罪的众多角度中，道德角度是最容易引起争议的。

“从柏拉图时代开始，思想者都认为法律不一定是公正的；从罗马时期开始，人们便认为道德上的需要，不一定在法律中体现。”

此乃宽泛且复杂的命题，不是寥寥几笔就能带过的。警察应牢记，一些道德准则是永恒的，如法律面前人人平等、司法公正，尽管这些准则的实现有一定的难度。同时，道德观念会随着时代的变化而变化。

现代社会的属性，使得人们除对那些最为残暴的事件外，很难就某一道德问题达成共识。因此，警察应试着去学会尊重道德种类多样性，以及人们对道德自由的要求，同时，也应该牢记，不是所有的违反道德规范的行为都是犯罪。理想民主警务（Superior democratic police）中的警察应领悟法律与道德之间的关系，并且应领悟在多元社会中的执法需要娴熟的技巧。

**其五，从经济角度思考（ECONOMIC CONSIDERATION）**

从犯罪的经济角度思考，揭示了复杂的人类活动。

抛开愤世嫉俗的想法，可以说犯罪为许多人提供了生计，一些人可以借此致富。然而，对犯罪进行控制需要高昂的代价，可能用尽我们的教育预算，甚至更多。犯罪分布如此之广，以至于谋求根除犯罪，将面临国家破产的危险。但是，控制犯罪的经济因素必须得到有效评估。

工商界遭受了来自犯罪的重大损失。当然，保险可以抵消犯罪带来的损失，但是，损失额与保费是成正比的。因此，预防措施被引入，犯罪下降，保费降低；当预防成本打破这种平衡时，成本又会回到原来的水平。最后，成本被转移到消费者身上。

在公共领域，整个刑事司法的成本是巨大的，当然其中有一些经济成本之外的因素被囊括。然而，当警察、法庭和监狱的成本太高以致人们不能接受时，他们便会选择容忍一些犯罪的存在。

目前，羁押少年犯的成本过高。一些少年犯在被释放时太危险，使得人们觉得对其羁押所付出的成本还是值得的。

鉴于此，有人提出在公共服务领域引入私人保安公司。但这往往忽略了一个事实，其开始的时候是靠市场的运作生存，慢慢地可能会变成有公共基金维持的机构，因此，增加了纳税人负担。

因此，警务活动的成本——效益研究值得开展。

**其六，从社会角度思考（SOCIAL CONSIDERATION）**

最后，犯罪作为一种社会现象，可以从社会角度进行思考。

社会变革影响犯罪，由于社会道德标准的变化，一些行为可能不再被认为是犯罪。因此，警察应明确社会变革的要义，并及时转换自身的角色。

社会的发展，经济的改善，教育水平的提升，教育覆盖面的扩大，科技水平的提高，新的传播媒介的出现与广泛应用，信息传播方式的变化等，都不同程度地改变了犯罪的形态与犯罪侵害的程度；警察作为预防与打击犯罪的排头兵，面临着新的巨大的挑战。

法律、加害人、被害人、道德、经济、社会，这六个角度之审视，揭示一个秘密：犯罪是社会之镜子。

## 王大伟对话

### 王大伟刑事发案模式：犯罪高峰和警察没有直接关系

“犯罪高峰论”。新中国成立以后，我国刑事发案在动态中起伏，六十多年来的发案态势，叫“两个阶段四次高峰”。

前28年为第一阶段，有3次犯罪高峰，1950年、1961年、“文革”10年。三次犯罪高峰，发案率在万分之五左右。

第一阶段：1949～1978年。

1950年第一次犯罪高峰，震荡源仅一个，是阶级斗争。中国大陆有200万国民党的散兵游勇，震荡源单一，阶级斗争。镇压反革命以后，马上回落。

1961年第二次犯罪高峰，有两个震荡源形成共振，叫“天灾人祸”。天灾，是连续三年的自然灾害，人祸是还苏联的钱。两个震荡源形成震荡。社会震荡非常剧烈，但是社会生态非常好，所谓生态，即基层党组织、政府、家庭与学校等。震荡稍缓和，发案马上回落。

第三次犯罪高峰是“文革”10年，犯罪高峰持续不下，叫“十年高台”。

第二阶段：1978 年至今。

改革开放以来，进入第四次犯罪高峰。有的学者叫“猛增阶段”。多震荡源引起共振，社会生态部分瓦解，刑事犯罪上升，且无彻底回落迹象，历次严打整治斗争，刑事发案整体回落不明显。

犯罪总量守恒。一定的社会政治经济产生一定的犯罪。该社会的犯罪总量是相对恒定的。犯罪的升降不以警察的意志为转移。

犯罪转移现象。在局部采取严厉打击与全面防范措施可以减少局部的犯罪数量，但减少的犯罪并没有被消灭，而是转移到其他的地方。

犯罪率是不以人的意志为转移的客观规律。犯罪高峰和警察没有直接关系。

**王大伟加害与被害的阴阳平衡观，加害与被害太极**

世界警务改革大趋势之一为：从预防犯罪到预防被害。

应在理论上建立一个被害人理论研究的“H”结构：“H”的一边为犯罪人（加害方），另一边为被害人（被害方）。中间以犯罪行为相联系。该结构揭示了犯罪主体与犯罪客体之间的相互关系。

1. 加害方与被害方的尖锐对立，加害方与被害方的互相转化，以及加害方与被害方的相互依存。

2. 不仅要关注抓捕犯罪人，更要关注被害人救助。

3. 预防被害就是预防犯罪。个体预防被害的小胜之和，就是社会预防犯罪的大胜。

4. 普法多为案发后补偿，普及预防知识与技能才是案件前防范。一分防范胜十分打击。

在巴黎“面向21世纪”为主题的第一届诺贝尔奖获得者国际大会结束之际，75位与会者发表宣言昭示：“如果人类要在21世纪生存下去，必须回首两千五百年，去汲取孔子的智慧。”对人类生存的忧患，只能从中华文化教育的精髓——和谐中寻找答案。

当我们为中国古代四大发明而骄傲时，英国人李约瑟博士完成了他的六卷巨著《中国古代科技史》。李约瑟语出惊人：中国人对世界文明的贡献有500项发明。仅就预防犯罪侵害而言，中国人有着世界上最辉煌灿烂的历史。秦始皇阿房宫用磁石修建的大门是世界上最早的安全检查门，如果刺客执刀进入阿房宫，马上会被发现。北京明清皇宫紫禁城处处体现“天人合一”的预防犯罪的思想。门前的金水河为紫禁城木质结构宫殿的防火提供了足够的水源。紫禁城北的景山，是一座人工堆砌的假山，起到监视全城瞭望哨的作用。以“以上青龙，下有白虎，左有朱雀，右有玄武”的风水外衣，包藏着设计抵御犯罪的伟大思想。古人云：“食可以无肉，居不可无竹。”十分重视环境的绿化。但紫禁城三大殿前数千米的开阔地，竟无一草一木。其间的设计原理是防刺客，一旦刺客潜入禁城，无法穿越数千米毫无隐蔽的开阔地带，用意可谓良苦。

中华文明的精髓是和谐，具体体现在古老的太极图中。太极图以阴与阳两种图形，揭示了宇宙间万事万物运动的基本规律：对立与统一，运动与包容，渗透与转化。中华先人十分重视天地人的和谐，大自然的包容。形成了对称平衡的朴素的宇宙观。这一宇宙观既可演化无限苍穹的奥妙，又可解释身边生活的点点滴滴。中华文明五千年的历史，历尽磨难，生生不息。生命力强，历久常新。灿烂于古老，鉴明于未来。和谐是调节世间万事万物的关键。

当人类步入 21 世纪时，人与自然，人与人之间，人的内心世界都在产生冲突与扭曲。

人与自然。人与自然违背抵触。人类向大自然无限度地索取造成了环境污染、资源匮乏、气候变暖等空前的灾难，并威胁着人类自身的生存与发展。

人与社会。由于多种震荡源引起的共振，犯罪进入了风暴式猛增阶段。道德混乱，践踏良知。

人的内心世界。个人心理出现失衡，生理与心理的平衡错位。焦虑、孤独、酗酒、吸毒屡见不鲜。无数的矛盾交织在一起，例如，罪与非罪、被害人与加害人、打击与防范、技术防范与观念防范、自救与他救……同时，又有无数的运动与转化，例如，被害人与加害人的角色转化、犯罪人与被害人的互换、侵害与被侵害的过错责任的互换、常规文化与犯罪亚文化的彼此交融……错综复杂，千头万绪。

一旦以太极的理论观察这些矛盾与运动，其间的变化规律就一目了然。曲径通幽，豁然开朗。古老的智慧启迪新的思考。在驾驭错综复杂的矛盾时得心应手。

犯罪太极与被害人太极理论，向我们展示了宇宙的秩序与和谐：在天，天行有常；在地，敬畏无为；在人，宁静和谐。这样天人合一，精神内守，犯罪何来？当牛顿仰望浩瀚天宇，感叹日月星辰运行有序而愈加敬畏上帝时，我们却应为太极理论所揭示的无神论的自然法则而感到骄傲！

“天行健，君子以自强不息”。

A. J. 汤因比与池田大作在《展望二十一世纪》一书中得出如下结论：人类已经掌握了可以毁灭自己的高度技术文明手段。同时又处于极端的政治意识形态的营垒，要使世界避免危机，最重要的精神就是中国文明的精髓——和谐。

# 对话十一：犯罪容忍论

（Tolerance of crime）

他们是人民出鞘的宝剑，是敌人最大的恐惧。他们对黑恶社会零容忍，恨之入骨。对弱者，却会流下同情的热泪。

——王大伟

对犯罪容忍，恐怕不易理解。但仔细观察社会，又会发现确有此事。

## 安德逊开讲

### 警察迫不得已对犯罪采取容忍态度

如若一个社会，为了避免其原有的生活方式被破坏，而迫不得已与犯罪进行某种程度的妥协，对警察而言，后果可谓生死攸关。

如若警察对此的反应是理性的（与情绪化的反应和应急之法相对），很有可能考虑容忍犯罪。

**不同的文明、国家之间，对犯罪的容忍度不同**

对犯罪的容忍度（Tolerance levels of crime）在不同的文明、国家之间，以及同一国家的不同族群之间都会存在差异。

在多元化、多种族的社会中，街区之间的容忍度都是不同的，然而，在单一种族社会中则不会有如此之多的变化。

**警察自由裁量权是武士手中的双刃剑**

就警方而言，不能容忍严重犯罪。然而，撇开严重犯罪不谈，在很多情况下，警察可以使用自由裁量权（Discretion）。

做法之一：对于轻微犯罪，警察可以按着具体情况容忍。这可能会给警察带来麻烦，因为这与上级令行禁止的要求相悖。因此，对自由裁量（Discretion）的理解非常必要，若涉及具体操作，则要由下级警官来执行。

做法之二：要求下级警官报告其所遇到的一切违法行为，以供高级警官决策。前者是放任型的做法，其适合于下级警官水平普遍高的地方；后者则更加官僚化与正式化，它限制了下层警官的自由裁量权。因为，上级不认为下层警官有能力作出正确的决定。

## 社区警察更加了解自己社区民众的容忍度

社区警察更加了解自己社区民众的容忍度，并且知道该如何正确地处理问题；而一般性的巡逻警察则缺乏对社区足够的了解，不能有效地处理问题，而且会造成一些小麻烦。

## 有时，警察造成的威胁远比犯罪要大

就犯罪容忍度理论，有必要做进一步解释，这包括一些族群对犯罪而非警务活动的偏好。

在一些社区中，人们对高犯罪率有着很大的容忍度，因为在他们眼中，警察造成的威胁远比犯罪要大。造成这种情况的原因可能有：对警察动机或是能力的怀疑、高昂的破案成本，以及多一事不如少一事的态度。

### 犯罪容忍度导致犯罪转移

犯罪容忍度的不同会导致犯罪向相邻地区的转移。

因此，犯罪容忍度低的社区会寻求警察帮助，这时犯罪水平进一步降低达到可以接受的水平。犯罪代价在 A 地区的增加，会导致 B 地区犯罪活动的升级，因为 B 地区的犯罪容忍度高并且警务活动弱。

因此，考虑警察角色、资源使用、人员培训与警力配置，以及正确理解这些事项与犯罪容忍度的关系，是非常重要的。

## 王大伟对话

### 王大伟犯罪太极论

犯罪是原有平衡的打破。犯罪太极理论提示：

1. 人的头脑中存在阴与阳两种要素。阳为正义，阴为邪恶。阳为司法，阴为越轨。阳为警察，阴为罪犯。

2. 太阳中有少阴，太阴中有少阳。正常人头脑中也存在犯罪的因素；犯罪分子头脑中或有未泯的良知。

3. 正常人在阴阳平衡中达成和谐，犯罪为平衡的破坏。

以弗洛伊德的精神分析学为例，弗洛伊德认为每个正常的个性动力系统中都存在着自我（Id），即性本能和攻击驱动力所组成的原始部分。而本我（Ego），即控制系统与超我（Superego），即道德化的自我两个抑制系统与 Id 形成动态平衡。自我，为阴，本我与超我为阳。正常人是这两个系统平衡与和谐的结果。“阴阳平衡，以正压邪”。犯罪人是这两个系统平衡破坏、正不压邪的结果。反之，罪犯头脑中或许也存在非犯罪的因素，即我们所称的“良知”。

## 犯罪高峰论

每次犯罪高峰的到来，都有着深层次的社会政治经济大背景。例如，1950 年的第一次犯罪高峰是阶级斗争为震荡源。1961 年的第二次犯罪高峰是天灾与人祸两个震荡源形成的共振。“文革”10 年形成的第三次犯罪高峰有深刻的政治背景。改革开放以来的第四次犯罪高峰由无数个震荡源的共振诱发，进入“犯罪风暴式猛增阶段”。每次犯罪高峰均与警察无直接关系，决不是单纯的警察工作不利所致。

## 犯罪转移论

该理论由几个论点组成：一是一定的政治经济产生一定的犯罪，即“犯罪能量守衡”。二是打击与防范可以使局部犯罪下降。但这种局部下降不是消灭犯罪，而是转移到其他打击与防范较弱的地方，犯罪的总量不变。

因此，一定的社会在一定的历史条件下，犯罪总量是相对恒定的。社会政治、经济、文化的发展水平与程序决定着犯罪总量的恒定值。这种恒定值是一切抑制犯罪因素与一切产生犯罪因素，即阴与阳平衡的结果。社会可通过阴阳平衡调节系统，对犯罪采取积极打击，坚持严打斗争不动摇。稳定发案的升降，使犯罪恒定于一个相对稳定的数值。

企图用单一的工作，如打击或防范来从根本上遏制、减低、预防整个社会的犯罪是十分困难的。一定的社会犯罪的能量是守恒的，是不以人的意志为转移的客观规律。

传统观念与公安工作实践中将犯罪分为两类，即可防案件与不可防案件。可防案件指盗窃、抢劫等侵财案件；不可防案件指杀人、绑架、强奸等暴力案件。从理论上讲，任何犯罪个案都是可以预防的。这是因为，犯罪实施是复杂过程，由无数要素组成。在犯罪链条中只要有一个环节被击破，整个犯罪即可中止。

故王大伟有："犯罪原因难防，条件易控。""加害人难防范，被害人易自防"等理论。

---

**对犯罪的零容忍是社会的理想，而在现实生活中，又存在形形色色的容忍**

有的犯罪，决不可容忍，容忍即犯罪，天理不容；有的越轨，情有所迫，适当容忍，有情有义。

理想警察，既是打击犯罪的战士，又是社会工作者。菩萨心肠，霹雳手段。

1. 对犯罪的零容忍有六，用霹雳手段，严惩不贷：

（1）分裂祖国，卖国求荣，引狼入室，认贼作父，即零容忍。

（2）恐怖主义，爆炸放火，劫持飞机，投毒决堤，即零容忍。

（3）杀人放火，劫持人质。碎尸抛尸，手段残忍，即零容忍。

（4）犯罪团伙，涉黑藏黑，贩毒洗钱，经营色情，即零容忍。

（5）拐卖儿童，药物致残，断肢致残，卖入娼门，即零容忍。

（6）抢劫杀人，抢财劫色，摧残女性，强奸幼女，即零容忍。

2. 有些越轨行为，适当容忍，也可理解，似有人情，似有善意。

（1）出租车司机送孕妇生产，情况紧急，闯红灯超速，似可以容忍。不必斥责，不必罚款。

（2）生活所迫，无照经营，摆个小摊，似可以容忍。不必拆摊，不必赶尽杀绝。

（3）父母双亡，迫入娼门，叫天不应，叫地不灵，似可以容忍。不必游街示众、拘留罚款。

# 对话十二：犯罪：预防抑或执法？

（Crime：prevention or enforcement）

人类若想在二十一世纪生存下去，必须回首两千五百年，去汲取孔子的智慧。

——七十五位诺贝尔获奖者宣言

所谓“预防或执法”，不过是“预防与打击”而已。

## 安德逊开讲

### 打击易见效，预防难理解

控制犯罪的方法多种多样，最常见的两种是预防和执法。

预防性措施操作难度大，且充满了不确定性，所以除了那些意志最为坚定的人能做到以外，无人能及。相比之下，执法性手段则容易得多，因为其所需要做的就是等待犯罪的发生、侦查并且进行处罚。侦查并非有案必破，但是，执法概念较预防更好理解。

---

**预防性措施需要知识丰富，知识面广**

预防性措施（Preventive approach）需要知识丰富，知识面广。社会学家、行为科学家、政治学家和犯罪学家在探究过去四十多年犯罪增长的原因时，做了大量复杂的研究。

遗传学家和医学家也纷纷进入该领域，并且提出了很多值得重视的观点；其结论纷繁复杂，有的截然对立。当然，很多研究成果有效地解释了原因，但最终杰出的犯罪学家不得不承认犯罪的原因远不止如此。当犯罪的原因确定，且预防犯罪的成本不高时，预防性措施的价值才可彰显。

相比之下，执法性措施（Enforcement approach）便要简单许多。假设有法可依，并认定犯罪，那么只是搜集证据而已。当然，用非正常的手段收集证据往往会产生问题，尤其是在面对嫌疑人享有的沉默权时。然而，有一种观点认为：犯罪的原因可以暂不考虑，但惩罚会如期而至；这会减轻双方很大的精神负担。

**预防犯罪理论，流派繁多，预期不确定**

首先，身处同一环境，有些人“走正道”，而另一些人则成为不良少年。

其次，面临同样的机会，一些人用来犯罪，而另一些则合法地利用这些机会。

与此同时，预防派在寻求有力支持时困难重重，没有舆论支持，预防派孤掌难鸣。

**两派各有利弊，各有千秋。**

为了使两派的争论更加理性，剖析其优缺点十分必要。

首先，执法派的成功有赖于对犯罪成功的侦破，进而审判、判刑。因此，任何没有被侦破以及被宣判的案件都被视为是该方法的失败。尽管执法对社会的安宁来说是必不可少的，但对其过多地依赖而忽视预防，效果便会大打折扣。

其次，在控制犯罪的措施中，预防性措施远不如执法性措施严密。在严格控制的实验环境下，预防性措施的可靠性评估前景非常渺茫。这也是预防没有受到应有关注的原因。

但另一方面，预防对群体和个体的态度有很大的影响。对预防性政策的追求强调预防在控制犯罪中的潜能，有助于创造合作性的社区。

最后，预防性政策的成本要比执法低。预防性政策越是在组织民众打击犯罪方面成功，民众的生活质量越是有保障，并且更多的警察越能够把注意力集中到执法目标中。

因此，预防与执法二者不可偏废，成功的控制犯罪策略是二者的完美结合。

## 王大伟对话

### 技术为本，折戟沉沙

谈及欧美预防犯罪，世人多认为以技术为本。殊不知五十年前，欧美真有一个技术防范的黄金时代。美国、加拿大时兴建“无犯罪城”（Crime Free City）。普遍采用防盗门、防盗栅栏、电子报警系统与电子闭路电视监视系统。这种思潮的假设是：犯罪分子是外部的敌人。只要在住宅区、学校的外部架设铜墙铁壁，就可以把犯罪分子阻挡在外。

技防设施安上，犯罪下降，不久，又重新上升。此治标，却不治本。技术为本，折戟沉沙。

**欧美预防犯罪三大预防方法**

1. 犯罪行为预防（Criminality）。即青少年犯罪预防，此为治人。采用综合治理方法，多管齐下：城市预防政策（Urban Policy）、健康预防政策（Health Policy）、家庭预防政策（Family Policy）、教育预防政策（Education Policy）、青年预防政策（Youth Policy）、就业预防政策（Employment Policy）。

2. 情景预防（Situation Prevention）。凡盗窃，有两个80%之说。其一，80%的小偷不是惯犯，其二，80%的盗窃不是设计，而是顺手牵羊。此方法的核心词："给小偷一个不偷你的理由"。具体做法有：

一是增大犯罪代价（Measures which Increase the Effort of Offending）。

二是增大犯罪的危险（Measures which Increase the Risks of offending），包括：正式监督（Formal

Surveilance）、雇员监督（Surveilance by Employees）、自然监督（Natural Surveilance）。

三是减少犯罪所得。

3. 社区预防（Community Crime Prevention）。

**欧美预防犯罪新战略的七大趋势**

1. 重在治本是欧美预防犯罪的核心。人们或认为欧美预防犯罪的核心为技防，实为误区。无论是犯罪行为预防，还是社区预防，均着力于治本。

2. 社区预防措施占主导地位。社区警务为第四次警务革命，主导世界警务改革趋势。

3. 从预防犯罪到预防被害的转变。就个体、家庭而言，若想左右社会犯罪率升降，实不可为之事。但可学会自救技能，提高防范意识。一本平安童谣，一本平安童话，即可使孩子终身不被犯罪侵害。人人自警，家家互保，则正气上升，国泰民安。

4. 从注重发案上升到再造社会和谐。公众见警察，总问发案率多少？破案多少？殊不知，发案率、破案率，都是人为之作，多有作假。楚王好细腰，宫中多饿死。“不破不立”，“隐案漏案”不是少数。故欧美警察认识到，只有再造社会和谐，才能根本上预防犯罪。

5. 从以警察为主，到警民共建，自警自救。欧美第四次警务革命，即社区警务揭示一原理：产生犯罪的根源在社会，遏制犯罪的主力军是人民群众。

6. “软技术化”的倾向。欧美“无犯罪城”的实验失败，使其对技防有新的认识。最时兴的预防理念为“软技术预防，”其公式为：简单的技防 + 观念预防 + 科学评估。

7. 对实验项目采取谨慎的科学评估。近五十年，欧美预防犯罪较有名的实验有五十四个，经过评估，竟有一半失败。所谓评估，即建立数学模型，以数字说话。既敢报喜，也敢报忧。尝试错误，永不言弃。

**王大伟的“中文低犯罪带”**

“尚中，贵和”是中华文化教育的精华。整个宇宙，乃至宇宙万物，都包含着不同因素的和谐整体。和谐是万物存在的基础。一旦和谐被打破，就意味着危机甚至灭亡。

世界上有一个中国文化圈，也有一个“中文低犯罪带”，就犯罪率而言，欧美均在万分之一千以上。而回首东方，令人吃惊：中国万分之一百以下，日本万分之三百，我国台湾地区万分之三百。朝鲜、新加坡也是低犯罪国家。

这些国家和地区均使用汉字，儒释道盛行。属于中国文化圈，其中奥秘发人深省。

21 世纪面临严峻的挑战与冲突，人类新世纪呼唤和谐，新世纪必将日趋和谐。

**预防胜于打击的十大理由**

1. 生命不可复制。孩子的生命只有一次，一旦被犯罪侵害，生命无比脆弱。男孩被拐卖，女孩被性侵害，都是家庭的最大悲剧。

2. 一分防范，胜百分打击。老百姓有名言：“刀伤药再好，不如手不拉口儿。”

3. 防范简单易行。一句警语“背心裤衩覆盖的地方不许别人摸”，可救几多女孩被性侵害；一首平安童谣“一个人，上学校，问我什么不知道”可防儿童被拐骗。

4. 施耐德漏斗。德国人施耐德有“漏斗理论”，一百个人犯罪，只有七十起报案，警察立案侦查的不及五十起。破案率平均为百分之三十，检察院起诉的更少，而法院判刑的又有几何？多数犯罪逍遥法外。所谓打击，挂一漏万。

5. 金钱衡量。一幢大楼被烧，损失数亿元。买一本《平安童谣》教子，只花十元钱。

6. 警察与人口比例，为万分之十五。我国十三亿人，警察二百万人。严打力弱，防范势大。人民战争，汪洋大海。

7. 快速反应。世上最快的警察，当数日本东京警视厅，四分二十秒到现场。而福建南屏学校门口暴力事件，五十秒杀十三个孩子。警察再快，也不奏效。故自警、自助、自救为重。

8. 警察本意。警察两字本意：“警之于先，查之于后。”只打不防，只有一半。

9. 英国吊死盗贼实验。三百年前，英国有死刑三百种。杀盗贼用绞刑。且组织万人围观。不料行刑时，围观者尽为盗贼混入民众之中行窃。为历史一笑谈耳。

10. 标本兼治。打为标，防为本。打击如扬汤止沸，预防似釜底抽薪。

# 第四部分 未来畅想论

(Towards the New Modle)

图注：现代警察之父，英国内政大臣罗伯特·比尔

# 对话十三：警务趋势

（Trends in policing）

警察有漫长的过去，但只有短暂的历史。

——王大伟

警察是世界上最年轻的职业之一，只有不到两百年的历史。

## 安德逊开讲

### 没有一成不变的警务，警察必须与时俱进

在规划未来警务模式时，认识到警察是与其他政府部门一样是一个重要的变革力量。没有一成不变的警务，其必须与时俱进。

历史不会以同种方式重演，但从中学习受益十

分必要。形态各异的警务系统历经建立、改革以及再造与重塑。及时回顾不难发现，政治、经济和社会变革的演化与发展呼吁警务领域不断推陈出新。因此，顺应变革的压力，预判警务的发展趋势，十分必要。

**古希腊和古罗马时期（GREEKS AND ROMANS）**

警察（Police）一词来源于古希腊语中的“polis”，原意为城邦，为名词，后为管理，为动词。是国家日常管理中不可或缺的一部分，例如，维护治安、保护公民健康等。

如果说古希腊人发明了这一名词，那么其征服者——罗马人则赋予了其官僚体制的意义。在《警察国家》（Police state）一书中，Brian Chapman 写道：“尽管罗马法律接受不同机构各司其职之理念，但是警察权力始终被认为居于国家权力的核心。”

有必要牢记两点：第一，即使按照现在标准，古罗马的警察与法律系统也是十分先进与高效的；第二，警察权力高度集中，并且位居中央权力的核心。

## 古英国治安模式（WESSEX WAYS）

在古英国 Wessex（现属英格兰）的部落村庄里，基于海洋法系（Common—law）的现代警务系统早已播下种子。撒克逊人将这一部落警务观念带到了北欧各地；然而，正是在南部英格兰定居点中，区别于古罗马的警务系统开始扎根。

撒克逊警务系统（Saxon police system）中太兴保甲员（Tythingman）与现代社区警察最为相似。

## 繁荣与警察（PROSPERITY AND POLICE）

随着 13 世纪英格兰城市的繁荣，频繁的商业活动和日益增多的流动人口导致了犯罪的增多，尤其是盗窃。爱德华一世坚定地号召其臣属团结起来，共同对付犯罪，并且规定，根据巡回法庭的裁决，为了维护和平，每个男人在家中都应保存武器。这与警务的原始风格及殖民地时期美国西部的警务风格一致。

1285 年的温彻斯特法案（Statue of Winchester 1285）设置了一种更为先进的警务模式，动员广大市民守望相助；通过晚上关闭城门控制陌生人的出入。

繁荣与发展导致的犯罪的不断上升，英格兰的警务也随之不断变革与完善。

**治安法案（JUSTICES）**

在1285年温彻斯特法（Statue of Winchester of 1285）案通过的不到一百年间里，爱德华三世的统治面临着后战争时期的暴力与混乱导致的动荡，这要求其进一步完善警务工作。

其曾经多次试图通过加强地方士绅的力量来改变局面，但效果不甚明显。直到1361年治安法官法案（The Justice of the Peace Act 1361）的通过，这一形势才有所改观。基于基层治安法官制度（Justice of the Peace），新的警务系统开始构建，这种警务系统在英格兰和威尔士延续了大约500年。

这种制度是有局限性的，其适合于农业人口占大多数的国家，工业革命开始后，其不足开始凸显。

**革命时期（REVOLUTIONS），两个菲尔丁**

18世纪中期，上述系统的弊端开始暴露。这时，试图通过立法手段控制犯罪增长的做法层出不穷，但是当时却没有一个强有力的警察执法系统。18 世纪末，法国大革命（French Revolution）的巨大影响增加了贵族和地方士绅的恐慌与焦虑，由此武装力量（Armed force）与秘密警察（Police system of spies）悄然兴起。

工业革命时期，犯罪骤然增多，社会失序，舆论哗然。事态至此，议会却并没有及时进行警务改革。时代的先驱亨利·菲尔丁（Henry Fielding）及其弟弟约翰·菲尔丁（John）成功地证明了自己的模式——舰队街巡逻（Bow street patrols），该模式在保证自由的前提下预防了犯罪。该模式建立在基层治安法官（Justice of the Peace）与警员的重要关系基础上，并且警察部队的组织更加合理、更加高效。1829 年，内政大臣罗伯特·比尔（Home Secretary Sir Robert Peel）创立了伦敦大都市警察，主导了新的变革。

**威灵顿和罗伯特·比尔时期（WELLINGTON AND PEEL）**

最终，议会准备妥协。犯罪和社会失序的威胁不断增加，一支高效的警察队伍呼之欲出。在威灵顿公爵的支持下，比尔构建了新的警务模式。新模式同样建立在基层治安法官（Justice of the Peace）与警员的重要关系基础上。

早期的警监由基层治安法官（Justice of the Peace）担任，警员则继承了海洋法系（Common—law）环境下的传统。1829 年通过的新警察法案（Police Act of 1829）明确了警员由宪法赋予其的独立地位。19 世纪上半叶，这种警务模式传遍了英国的各个角落。

### 维多利亚时期及随后的稳定时期

回顾 20 世纪 70 年代至今，维多利亚时期被打上了稳定的烙印。毋庸置疑，新警务系统成功地融入了英国的社会文化氛围。综合诸多因素考虑，该时期的稳定程度远高于历史其他时期，同时，警察数量也呈下降趋势。

随着 20 世纪改革的发生，新的变革也将不断出现。

### 欧美警察史有两条主线：大陆派与海洋派

大陆派警察包括法国、德国、比利时等欧洲大陆警察，以军警宪兵为特色，中央集权，垂直领导，注重镇压、武装特色。

海洋派警察以英国为代表，即撒克逊警务系统（Saxon police system）。古英国有太兴保甲制（Tythingman）与现代社区中的警员最为相似。地方自治，平民化特色，少佩枪、重服务，以礼貌为先。

## 王大伟对话

### 四次警务革命

滚滚长江东逝水，浪花淘尽英雄。从罗伯特·比尔建立伦敦大都市警察以来，警务改革如潮起潮落，其间有代表性的有四次，称为四次警务革命。

1. 罗伯特·比尔创立英国伦敦大都市警察，即苏格兰场（1829 年创立）。

警察是世界上最年轻的职业。

世界上任何一个职业，都有它的祖师爷：中医中药的祖师爷叫孙思邈；木匠的祖师爷是鲁班。警察的祖师爷是谁呢？

西方公认：世界警察的故乡在中国，公元 900 年，辽金时代的上京警巡院是世界上最早的警察。

译成“首都巡警大队”。中国比西方的警察早产生了六七百年。关羽是世界警察之父，刘邦为早期派出所所长。

1829年罗伯特·比尔建立伦敦大都市警察，是第一次警务革命，这是警察从无到有的革命。第一次警务革命是新旧警察的分水岭。

2. 美国警察专业化运动（20世纪20年代）。

第二次警务革命：美国警察专业化运动。20世纪20年代的美国警察是牛仔。这时的警察，不是全国的警察，是地方警察。地方警察为地方势力看家护院。所以第二次警务革命的主题词，叫“警察和政治分离”。

这是警察史上的一次大革命，“警察只向法律负责”。

第二次警务革命是新警察独立与成熟的标志。

3. 欧美警察现代化（20世纪30～70年代）。

第三次警务革命叫警察现代化。开始于20世纪30年代，到70年代逐步终结，这是警察最辉煌的一段历史，叫“四个现代化”，“三个增长”。

第一，车巡代替步巡；

第二，通信现代化；

第三，计算机的革命；

第四，个人装备现代化。

到了 20 世纪 70 年代，西方警察是顶盔带甲，武装到牙齿。西方人给他起了一个名字，叫做“机器人”。

除了四个现代化以外，还有“三个增长”，叫“人财物”。“四个现代化”，“三个增长”，把警察推到了历史的黄金时代，但是，警察现代化辉煌一时，到 70 年代突然放慢了脚步。警察现代化的进步同时带来了巨大的弊病，即三个弊病。

第一，犯罪和警力同步增长。增加警力的初衷是要遏制犯罪，但是警力翻一番，犯罪跟着翻一番，这使各国警察的有识之士冷静地思考。

第二，警民关系恶化。警察现代化的最大弊病，就是脱离群众。老百姓说：“警车车轮子跑得越快，离我们群众越远。”西方警学界有一个概念叫“更夫”。西方的警学命题之一就是“更夫和机器人”。现代化的警察应该是更夫，而不是机器人。

第三，对快速反应和车巡的再认识。

4. 社区警务（20 世纪 50 ~ 80 年代）。

第四次警务革命始于 20 世纪 70 年代至今。欧美社区警务战略之父是英国警学家约翰·安德逊。社区警务产生于美国，兴盛于英国，70 年代英国的社区警务之父约翰·安德逊，他掀起了世界性的新的警务革命。

社区警务的理念。欧美社区警务战略的核心是“社区警务树”（Community Policing Tree）。

警察好比一棵大树，树干是警察，树上枝枝叶叶，是警种和分工。果实是警察工作的成效。前三次警务革命，都是要让这棵大树长得高。第四次警务革命揭示了一个原理，即树有多高，根有多深。社区警务，扎进去的土壤就是社区。

社区警务的原理是：

第一，产生犯罪的根源在社会，遏制犯罪的主力军是人民群众。

第二，警务的改革的成效依赖于社区。

第三，所有的警务革命都离不开社区警务，社区警务不是单指治安，所有的警务改革都离不开它。

我国的“标本兼治，重在治本”的思想与欧美社区警务战略相似。“标”是树枝，“本”是树根。四次警务革命，180 年画了一个圈，从罗伯特·比尔返回到罗伯特·比尔，中间走了一段警察现代化。四次警务革命，用一句话来总结，叫作返璞归真。

# 对话十四：探寻新模式

（A quest for new models）

中国人创造了世界上最早的警察，也许会主导第五次警务革命

——王大伟

“前不见古人，后不见来者，念天地之悠悠，独怆然而泣下”。四次警务革命之后，警务改革向何处去？

## 安德逊开讲

### 初步考虑（PRELIMINARY CONSIDERATIONS）

乘客与船长都在祈祷宁静。

当今，西方社会的属性复杂多变。随着社会、

政治和经济变革浪潮的此起彼伏，其始终面临着崩溃的危险。掌握国家巨轮航向的舵手们（Those steering the ship of State）很难让航船按照既定的航向劈波斩浪。巨轮上的“全体乘客”（Passengers）和“机组人员”（Crew）祈祷宁静，这样能够恢复决心，并重新审视作为社会成员的价值。

**政治家的设想（THE POLITICIANS）**

Lord Hailsham、Jo Grimond 和 Anthony Crosland 等政治家表明了自身态度。

在探寻其“有限政府”（limited government）理论时，Lord Hailsham 写道：“我相信，英国需要一段稳定期。”在经历了连续的无效改革之后他坚信：“现在，我们不得不承认，如果法律和政治机构、精神道德和社会习俗一直在不停地演变，其不会得到固有的尊重。”这是一个把毕生精力投入到法律的人之心声。

Jo Grimond 表达了对新型社会组织形式的向往，他写道：“我期望看到每个人的潜能得到最大程度的发掘；我期望看到每个社区都能创造出美善，人们以此为荣并可以感染他人。”

Anthony Crosland 在其 1967 年的著作《社会主义的未来》（The Future of Socialism）一书中表明：随着传统目标的逐步实现，以及社会的更加社会民主化，在未来很长一段时期内，我们的目标是谋求个人的自由、幸福以及繁荣，这有助于完善社会人格的培养和和睦家庭的创建。

社会的变化会对警务工作产生巨大的影响，很显然，其重点还要放到个人和家庭的福祉上来。由个人及家庭组成的社区是社会进步的力量。

**经济学家规划（AN ECONOMICIST）**

经济学家 E. F. Schumacher 表达了一种构想：浓缩的都是精华。认为越是小的社区越能带来社会的安定与民主价值观的稳定（small is beautiful）。

在金钱与财富能够决定地位的地方，想要控制和减少犯罪与政治暴力是不现实的。一些人认为严酷的法律和庞大的警察队伍能保持社会的稳定，这是十分错误与危险的想法。在意大利、北爱尔兰和美国黑人聚居区，法律与秩序等执法力量只是修复犯罪破坏而已。据 Schumacher 观察，如若人们的收益低于成本，那么对社会便会造成严重的负面影响——少数特权阶层过度地关注财富与权力；非主流群体更难融入社会并由此引发严重的社会问题；结构性失业；过度城市化导致人口分布不均衡；普遍的挫折感与持续增长的犯罪率，凡此种种，一言难尽。

因此，经济学家们无不表达了社区小型化的观点。

**社会学家的观察（SOCIOLOGISTS）**

社会存在的命脉是自由，警察作为自由的捍卫者对此应铭记于心。警察如何扮演自己的角色？民众如何影响警察角色？有一点须牢记：最大的威胁来自于简单粗暴的执法。粗暴执法导致专政，这致使我们生存的根基，以及引以为豪的传统遭到破坏。

**历史学家的总结（THE HISTORIAN）**

在所有的发言者中，历史学家享有最后的发言权。Hugh Trevor Roper 1968 年在伦敦经济学院的演讲中说："为了更好地理解我们的国家，需要以宽广的眼界横向关注其他国家；为了更深入地理解我们所生活的时代，需要以审慎的态度纵向研究历史。”

**讨论（DISCUSSION）**

对现状和前景进行政治、经济、社会以及历史的思考，是合情合理的，在所有民主社会中，警察都是法律的产物，高举理想民主警务（superior democratic policing）大旗。仁人志士，云集旗下。

警察应仗剑疾呼，把握命运。

**广义警务论（POLICING DEFINED）**

警务意味着什么？以及谁对其负责等问题，仍如秋丝乱麻。

警察应以主动先发的风格为准。这是广义警务论。

有一种理解认为：警察这一概念可以用来代表所有的政府部门。的确，在广义上，几乎所有的内政部门和环保部门都具有警务属性。如果把警务狭义的理解为只由警察来完成的工作，那么民众会认为警务与自己毫无关系，警察也会认为自己的工作丝毫不需要公众的参与。这会影响人们对于责任的态度，不利于政府部门工作的开展，并且造成资源的浪费。

## 王大伟对话

**警察是世界上最年轻的职业，不过两百年而已。往古论今，警察其兴也勃，其亡也忽。王大伟提出“警察沙漏论”**

1. “警察沙漏论”之顶边，宽大无边：人类历史数千年，在1829年之前，警务广泛散于政府各部门，散于民间。自我警务，寓警于民。

2. “警察沙漏论”之中间，狭窄如颈：自罗伯特·比尔1829年建警，至今不过两百年，其间经历四次警务革命。警察现代化，将警察角色推到极致。

3. “警察沙漏论”之底边，又向广义发展：然第四次警务革命，又掉转航船，返璞归真，回归社会。狭义警察到底能有多少年？令人心寒矣！

4. 社区警务之后，第五次警务革命是什么？或曰：情报导向警务、危机警务、反恐导向警务、警察私有化……王大伟认为：世界警务改革大趋势，势必向广义警务方向发展，顺其者昌，逆其者亡。或许近百年，警察仍坚守狭义警务，即：情报导向警务、危机警务、反恐导向警务，但警察的职能将不断泛化，重归社会，返璞归真。

**王大伟提出“警务改革新三论”**

“江山代有才人出，各领风骚数百年”。欧美警务改革的理论高潮迭起，层出不穷。近 30 年，欧美警务改革的理论可归纳为警务改革八论：

老五论：被动反应警务论、主动先发警务论、社区导向警务论、问题导向警务论、市场机制导向警务论。

新三论：情报导向警务论、危机警务论以及反恐导向警务论。

**情报导向警务**

情报导向警务（intelligence-led policing），产生于20世纪90年代的欧美各国，是主动先发警务模式的一种延续。情报导向警务的核心词是以犯罪情报的分析与解读作为决策的依据。

它可分为两个层次：战略层次，战术层次。

**危机警务（Policing Crisis）**

危机警务：顾名思义，乃“危机”＋“警务”。

危机警务，即用警务方式化解危机。它是公安机关在其职能范围内，针对一系列公共安全威胁，特别是社会震荡导致的冲突型危机，所采取的各项有关危机的预防、处理、恢复的警务工作模式和措施的总和。

王大伟危机警务模式：“警之于先，察之于后”。

主被动警务“4＋6”模型。

1. 主动提前警务有四个要素：

（1）了解敌情：情报＋耳目＋评估；

（2）预案：时空分布图＋危险预测＋对策打包；

（3）预警：危险预测＋预警发布＋技能普及；

（4）联动：各警种＋警察学家＋消防＋排弹＋医务＋心理＋谈判＋法律＋媒体＋装备。

2. 被动反应警务有六个要素：

（1）指挥系统：固定＋临时；预案＋领导；

（2）快速反应：快到达＋快清扫＋快解救＋快谈判发起总攻要慢（四快一慎重）；

（3）外围清扫：50米＋100米＋1000米；

（4）谈判：专家选定＋以人为本＋进退＋双重关怀；

（5）人质解救与救助：食物＋非杀伤武器＋自救＋心理＋法律＋医务救助；

（6）控制媒体：新闻发布＋新闻控制＋手机屏蔽。

---

**反恐导向警务**

英文中 Terrorism 的含义为恐怖主义、恐怖分子与恐怖行为。恐怖主义有三类，即个人恐怖主义、团伙恐怖主义与有组织恐怖主义。恐怖主义，是按照某种特别、刑事或政治的原则，由个人、组织或国家代表者进行的，或热衷采用的不间断的暴力方式。暴力行为的被害人是从众多被害人群体中选择的。这种选择遵循两个方式：一是随机选择，叫做机遇性目标；二是典型选择，叫做代表性或象征性目标。暴力行为的直接目标往往不是其主要目标。在威胁与暴力之后，隐蔽着主攻目标。主攻目标就是制造恐怖。

---

**世界警察赛马图**

王大伟认为：在世界警务改革的赛马场上，有三匹马在奔腾：欧美警察马，发展中国家马，中国马。

Horse—racing theory（跨越时代论）

Horse A ：England and Wales Model，欧美马

Horse B：The colonial Model，发展中国家马

Horse C：China Model，中国马

承认起跑晚了 50 年，但不急于照搬西方的套路。冷静观察，后发制人，巧用他人的学费，后人发，先人至。

第一匹马，欧美马。罗伯特·比尔 1829 年创立伦敦大都市警察，180 年经历 4 次警务革命，不断探索，永不言弃，叫“摸着石头过河”。

第二匹马，发展中国家马。英国有四十多个殖民地，法国有四十个殖民地，这些国家是跟着宗主国的改革模式走，但是晚 20 年，叫邯郸学步。欧美怎么走，他们怎么走。

第三匹马，中国马。我们比西方专业化晚 90 年、现代化晚 50 年，先看一看，西方警察在哪些

地方摔了跤，在哪些地方交了学费，我们自己公安工作的优良传统是什么？从而后人发先人至，以迂为直。

“唯大英雄能本色，是真才子自风流”，中国人创造世界上最早的警察，中国警察一定会在世界警务革命的大舞台上，承担起辉煌的角色！

# 对话十五：理想警察十大宣言

(Ten declarations)

警察不仅是打击犯罪的战士，更是社会工作者。警务不单是执法、不单是严打、不单是武力，警务更是正义、更是和谐、更是科学、更是智慧、更是高贵。

——王大伟

## 安德逊开讲

1. 在自由开放社会的社区中开展警务，不能单凭武力与刑事司法程序。

2. 对普世美善（The common good）的追求，将提升警务目标之高贵；普世美善与多元社会的道德将会水乳交融。

3. 在温饱之后，人们追求幸福，渴望富贵。而幸福富贵之基有二，一曰自由，二曰安全；完全的自由与绝对的安全是完美仙境，可遇而不可求。

4. 维护社会和谐的资源俯拾皆是。由于缺乏合作与共识，掌握社会和谐的组织，常常不珍惜；若彼此亲密交流合作，警务水平必会显著提高。

5. 在投入了大量的资源之后，会发现很多解决犯罪问题的手段；遏制犯罪所需要的人力与物力，已达极限。展望未来，人力与物力也许不能满足打击犯罪的需要；因此，所需的是创新思维，与资源平衡。

6. 传统社会正在衰微，传统的社会秩序即将崩溃。吐故纳新，推陈出新。旧者衰微，新者诞生。健康且有序的社会有助于警务的发展。

7. 城市内城是犯罪的温床，单凭执法队伍并非明智之举，这需要警务工作兼顾社会生态建设。

8. 自我管理有两个层面：个人和团体。自我管理范围的扩大不仅可行而且值得期待，警方可以从中收到巨大的治安收效。

9. 很多本可以被预防的犯罪，却被容忍。这种容忍，一害社会，二损道德。

10. 社会与公众对治安举足轻重，但在打击黑社会等恶性案件中，警察应首当其冲。黑社会犯罪是绑架、收受贿赂等犯罪的万恶之源。

## 王大伟对话

### 理想警察是一本百科全书

首先，理想警察应是道德的楷模，有符合传统道德的崇高的目标，为渴望追求幸福与富贵的人民提供安全与自由。警察，也许不是一个高贵的职业，但一定要有一颗最高贵的心。

其次，理想警察最懂得谦逊与合作，笑口常开，彬彬有礼。警察深知，警权民授。离开了民众的支持，一事无成。警察只是治安中的一支方面军，民众才是主力军。调动治安积极性，发挥个人与团体的积极性，才能最终遏制与预防犯罪。

最后，警察学是世界上最复杂的科学之一，警察学是一本巨大的百科全书。警察要懂得生理学、心理学、社会学。懂得建筑学、环境科学，既有奉侍人民之心，又具有创新思维。

**英国四大警务原则论**

警务原则论是英美警察科学的重要组成部分，是警察哲学的核心之一。警务原则论包括：罗伯特·比尔建警基本原则、满意决定警务原则、最少动用武力原则、警务伦理等。

1. 罗伯特·比尔建警十二条。

1829 年，英国内政大臣罗伯特·比尔向议会提交《大都市警察法》。比尔在此法中阐述了现代制服警察的基本原则。（1）警察应以军队为榜样，建成一支稳定的、行之有效的队伍。（2）警察必须在政府的控制之下。（3）犯罪减少证明警察的效率与效益。（4）发布犯罪统计是警察的基本工作。（5）以时间和地域科学分配警力。（6）制怒、宁静、有礼是警察质量的根本保障。（7）以形象赢得尊重。（8）招募、训练适当人选是有效执法之本。（9）公众安全需要每个警察挂牌服务。（10）警察首脑机关必须接近公众。（11）警察需先见习，后上岗。（12）公开警察内部犯罪率。上述 12 条原则归纳起来，可以产生一个比较严密的现代制服警察的定义：即警察是在政府控制下的，以军队为榜样而建立的一支稳定有效的队伍。它采用科学的选拔与训练方法，以减少犯罪为其效益的标志。接近公众是警察工作的关键，彬彬有礼是警察质量的保证。

2. 满意决定警务原则。

满意决定警务（Policing by Consent），又译作公众的满意决定警务工作的方向。英国警学界对满意的含义界定了两种范围：一种是警务让法律满意，另一种是警务让政治满意。然而究竟何种满意重要，仍在辩论之中。但最重要的，仍是民众的满意。

3. 最少动用武力原则。

西方警务理论之一，也是实践中的警务原则之一。本原则与满意决定警务和警察合法性两大理论密切相关。在理论研究上，强调坚持盎格鲁—撒克逊警察模式的特点（即英国模式），平民化，非武装性质和服务职能。强调英国警务风格中预防为主，重视警察与公众关系的历史遗产。在实践中限制动用武力，特别是在对待治安事件时保持克制、冷静，力图捍卫文职化力量的形象。

英国是世界上第一支制服警察的故乡。在英国建立警察初期，公众对警察十分反感，带有敌意。工业革命产生了阶级分化和阶级矛盾的尖锐与对立。伦敦经常发生袭警事件。德文郡警察局局长安德逊批评说：“几分钟的失控和疯狂，也许会破坏不列颠一百五十年的优秀的警务传统。”20世纪80年代对技术镇压的反思，直接导致了英国警方对最少动用武力论的研究。

4. 警务伦理。

英文“Ethics”译作伦理学、道德学或伦理观。警务伦理的中心含义为警务必须绝对服从法律和伦理双重指标。警务道德不同于医德，它不受警察所服务的文化、道德和政治气候的影响。警务伦理学包括：在理论上探讨警务伦理的概念、伦理的内容和作用。在实践上加强监督机制，健全法律与规章。

警务伦理学中重要部分是侦查伦理。

强调警察在侦查过程中依法办事，树立良好的伦理道德。

英国属于海洋法系（Common-Law），在历史上就重视人犯坦白时警察的伦理，即人犯自愿原则。在预审过程中，警察不许采用恐吓、许愿和压迫的方式。

采用先进的技术装备是提高警察伦理的关键。美国许多警察局在预审过程中采用了录音制度，以保证在预审过程中不使用不正当的手段逼供。全部录音带将送交法庭，以供监督。

先进的技术装备也向侦查伦理提出了挑战，美国可以对人犯采用测谎器，认为测谎结果有可信成分。而在英国，警察认为这涉及侦查伦理，不应过分依赖机器，不得作证据。

侦查伦理涉及各种规章的制定。例如，17 岁以下人犯不得接受采访。所有人犯在拘留期间具有与外界保持通电话、书信的自由，等等。

**王大伟的警察学智慧：建警十七条**

1. 犯罪高峰是社会政治经济大背景所造成的，与警察无直接关系。从社会指责中解放警察。

2. 警察是战士，但首先是公仆。警察与公民的区别只有一个：遇到罪犯抢劫与杀人，警察不能后退！做警察是一种神圣。

3. 如果我来设计警服，社区民警可改为西服，口袋上戴个标志：“有困难找警察”。永葆亲民风范、爱民精神。

4. 人民满意是警察考核的重要标准。

5. 警察的工资或可高于部队，因为和平时期，每年有四百余人因公牺牲。警察的医疗应该是全额公费。烈士的子女保送上学。

6. 任何警察都不许罚款。把罚款权交出去，由国家统一经费保障。

7. 忠诚于人民是每个警察的灵魂。

8. 交警是一种实验性科学工作。交警是人民群众了解政府的代表。为什么红绿灯越多，交通越堵。百分之二十的红绿灯不科学。为什么堵车十有八九有警察在？交警与红绿灯只能听一种指挥。欧美国家无交警。

9. 枪不是可以随便开的。多研发非杀伤性武器。

10. 每个警察一月保证休息四天（每周休息一天），一年应有一次 20 天休假。警察购票与军人同样优先。

11. 不单纯以发案率与破案率为评价指标，减少犯罪的唯一战略是再造社会和谐。

12.《刑法》中设立袭警罪。

13. 基层模范民警，无任何领导职务者，一生敬业，也有晋升警监的机制。

14. 派出所改革，听派出所所长或老民警的声音。交通改革，听出租汽车司机的声音。

15. 没有什么比执法透明更可贵的，果断取消暗中执法。

16. 一切非警务工作交给城管与其他部门。

17. 或可把关公的生日定为“警察节”。树立忠诚、奉待、忠义的职业道德。

# 後記

# 善保忠義严懲奸惡

图注：王大伟教授

# 后记：善保忠义，严惩奸恶

返璞归真，警察哲学，

善保忠义，严惩奸恶，

祖制昭昭，未敢忘也。

——英伦三岛，白垩国德文郡，警巡院长，巡抚，翰林院大学士，安德逊语

安德逊（John Anderson），英国人，爵士。法学博士，国会议员。

英国警察学泰斗，社区警务之父。德文与康沃郡警察局局长，伦敦大都市警察局副局长，布莱姆谢尔皇家警察学校校长。我在英国艾克赛特大学政治学系学习时的老师与朋友。

古人云："三杯吐然诺，五岳倒为轻。"若问我在英国学习的最大收获，可毫不迟疑地说：结识

了安德逊。安德逊是我最敬重的良师益友，昨日故事，历历在目。

**1. 安德逊说：“警察学（POLICEOLOGY），中国人用英文与拉丁文创造的新词，意义重大。”**

英文中没有“警察学”。

英文中的“警察科学”一词与我们的公安学、警察学既有相同点，也有区别。按英文《犯罪学辞典》，其定义如下：“警察科学（POLICE SCIENCE）是研究、分析与比较有关犯罪的材料与犯罪对象的科学。警察科学主要研究的领域是：细菌学（如疾病的产生与传播）、弹道学（如火药与火器）、法医学（伤害与死亡的方式与原因）以及其他有关学科。”

在西方，警察学是有实无名。尽管有无数的研究所，成千上万的出版物，高学历的研究队伍，却无专有学术名词。英语中没有与中文相对应的“警察学”这一名词。英语作为国际学术交流的主要工具，是一种用辞严谨、规范的语言。英语在描述“学”这个词时比汉语谨慎，一般不多用。英语中“学”是拉丁文后缀“OLOGY”。如犯罪学为

“CRIMINOLOGY”，是犯罪“CRIMIN”加上“OLOGY”。

英文中的“警察学”一词是由中国人在1991年创造的。1991年秋，公安部第四研究所的代表团到英国艾克塞特大学警察研究所访问。康大民在讲述“公安学”时，怎样准确翻译这个词成了难题。欧美警察研究已有百年历史，但没有一个名词可概括公安学（警学）的基本理论框架。若以公安学直译，恐无人理解。若用警察科学（POLICE SCIENCE）又不对应。我当时正在该校留学，与其他中国同志创造了一个词“POLICEOLOGY”，即“警察”加“学问”，在讲公安学时就采用了这个词。

听到这个词的英国官员、专家、学者，一是感到新鲜，二是引起了关注。在以后外国人的讲话中也多有引用。该所硕士教材《龙的盾牌——中国公安学纲要》首页写道：“警察学基本理论POLICEOLOGY，一个由中国人创造的学术名词。”

英国德文郡警察局长、英国警务改革的旗手约翰·安德逊说：“中国人用英文与拉丁文组合了这个新词，有特别重要的历史意义。”警察学（Policeology）的创造具有两重含义。其一，为英文创造了一个新词。其二，帮助西方世界认识到警察学是一个独立的大学科，而不仅仅是一项技术。

### 2. 世界上唯一的社区警务树

我珍藏一张《社区警务树图》，此图世界上仅有一张，为安德逊手绘“孤本”。为社区警务之真传。

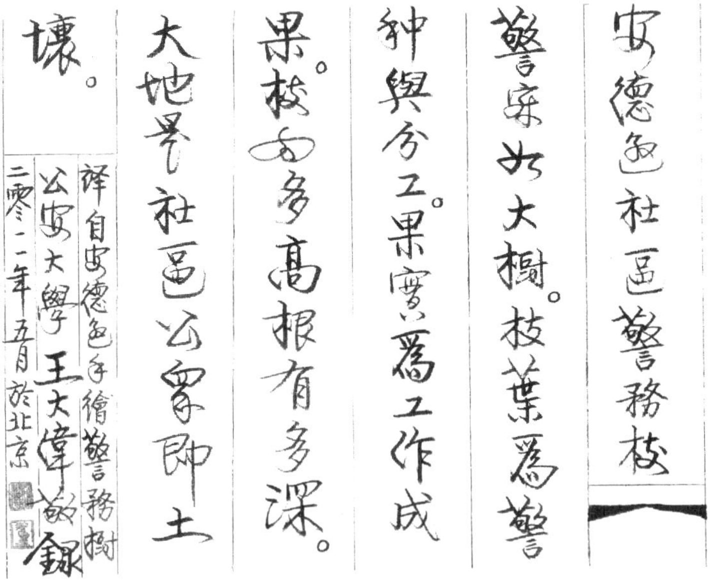


图注：安德逊社区警务树原理（王大伟手书）

第四次警务革命始于20世纪70年代至今。欧美社区警务战略之父是英国警学家约翰·安德逊。社区警务的理念，最简单的叫作社区警务树。欧美社区警务战略的核心是“社区警务树”（Community Policing Tree）。

警察好比一棵大树，树干是警察，枝枝叶叶，是警种和分工。果实是警察工作的成效。

前三次警务革命，都是要让这棵大树长得高、长得直。树长高了、长毛了、长疯了。树根脱离了群众，脱离了社会。第四次警务革命揭示了一个原理：树有多高，根有多深。

**3. 我珍藏一本1979年版的《自由警务论》(Policing Freedom)，扉页安德逊题词：“呈好友王大伟，来自中国公安大学的警官。致以良好祝愿，祈求前程似锦。1992年8月于艾克赛特，英格兰。”**

《自由警务论》（Policing Freedom）。该书针对西方警务现代化不可克服的危机，提出了无增长改善论、主动提前警务论和对未来警察的设想。安德逊的主要思想是：警察现代化应偏离强调高警察比例、高度装备现代化的美国模式，把改革重点放到社区、面向公众，以社会人力资源为警力后备，以质量胜数量。思想观念的现代化，现代警察哲学与新的警察思维比装备现代化更为重要。《自由警务论》是现代警察哲学的代表作，揭开了 20 世纪 70 年代后期西方警务改革的序幕。

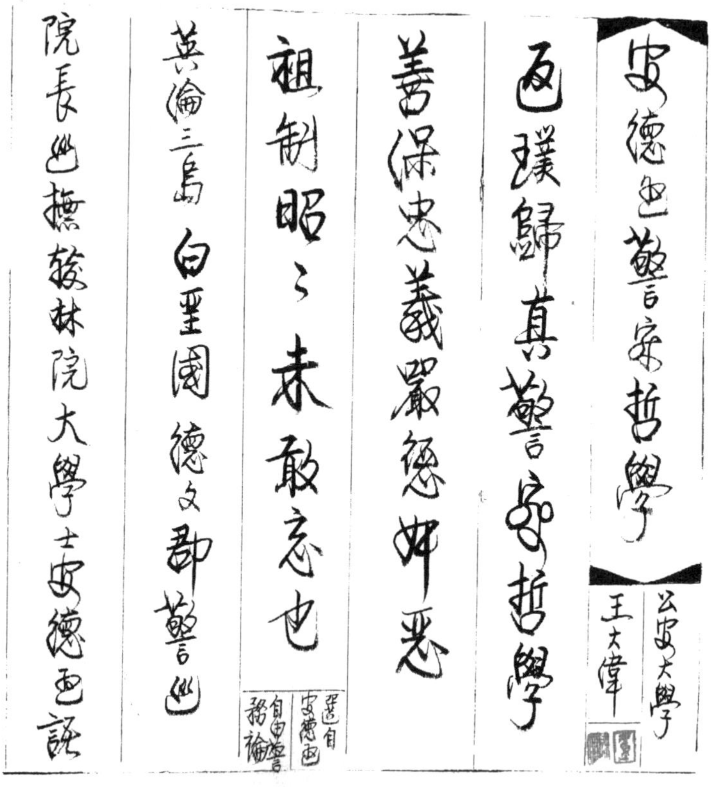

图注：王大伟译安德逊警察哲学（王大伟手书）

为答谢安德逊赠书，特选书中名言一段，译成中文文言文，毛笔手书条幅，赠与老人：

“返璞归真，警察哲学，

善保忠义，严惩奸恶，

祖制昭昭，未敢忘也。

——英伦三岛，白垩国德文郡，警巡院长，巡抚，翰林院大学士，安德逊语。”

老人将此条幅挂于客厅，逢客必夸，好不得意。

**4.“无增长改善论”的故事。**

安德逊讲的一个故事，至今犹记在心。

20世纪70年代，英国牛津大学的某教授，得了诺贝尔物理学奖，他发现夸克。中国古书《淮南子》有命题：“一尺之锤，日折其半，万世不竭”，这叫物质的无限制可分性。

构成物质的是分子，比分子小的是原子、电子，到了电子就不可分了。老教授发现准电子，得了诺贝尔物理学奖。约翰·安德逊去拜访他，方进宅门，安德逊倒吸一口凉气，询问老者：你的装备都在哪儿？

“窗户靠墙有三排仪器。”

安德逊说：“你就凭这三台简陋的仪器得了诺贝尔奖吗？那么你雇了多少人呢？”

老先生说：“我一无钱，二无装备，但我有好多思想的火花。”

安德逊想：我当了一辈子警察局长，每次警察改革都是三个字：人财物。他就坐在安乐椅上，闭目沉思，著书一本：《安乐椅上的哲学》。提出无增长改善论，里面有三个要点：

第一，警力远远超出了社会的承受能力。大幅度增加警察的开支，是无益的、危险的。

第二，现代化不应该是警力高比值。

第三，社区警务是警力改革的方向。以民众为警力的后备，质量胜数量。

安德逊临走的时候请我喝酒，他是个聋子，把嘴贴着你耳朵，使劲地喊：“大伟，一定要记住，警察现代化绝不是警力高比值。”

二十年过去，恍如昨日。想德文郡山清水秀，鸟语花香，又逢初春，以茶代酒，遥祝安德逊先生长命百岁……

王大伟

2011 年 3 月 7 日于公安大学

何冰承担本书英文初稿翻译。何冰，男，河北省文安县人，生于 1986 年，2009 年毕业于海南大学，获得管理学学士，当年考入中国人民公安大学比较警察研究方向，师从王大伟教授。

王大伟又记并谢

For my Mother China

I would like to express my own thanks
to Bill and Les, who have helped in bringing this
paper to fruition.

Thanks to Dawei, who has brought old ideas from China and made them new in the West. Yin and Yang, thesis and antithesis, Exeter and the Public Security University, may we bring all these opposites to a synthesis that will help the world and its peoples understand and defeat crime.

Bill Tupman

图注：英国艾克赛特大学警察研究所所长比尔在王大伟的硕士论文《社会震荡与个人失衡的理论模式》扉页的留言：“感谢大伟，将远古的理念从神州带来。使之在西方重放异彩。阴阳相生，对立统一。从公安大学到艾克赛特大学，江水东流，万法归一。愿将各种理念融于一体，普天之下，相互切磋。以驱作奸犯科之事矣。一九九二年夏于英国艾克赛特大学。”

SOCIAL TOPICS SERIES

# Policing Freedom

To my very good friend
Wang Da wei of
the Chinese People's
Public Security University
Beijing, with every
good wish for his
future success.

John Alderson

Exeter
England
September 1992

图注：安德逊在赠给王大伟的专著《自由警务论》扉页的留言："书赠吾之最佳良友，来自北京中国人民公安大学的王大伟。致以良好祝福，祈求前程似锦。安德逊，艾克赛特，英格兰，一九九二年。"

附一：

# 中外警务改革比较

## ——公安部警督升警监培训必修课程

**本课为两讲：**

第一讲，四次警务革命和十大趋势。

第二讲，国外警务改革最新理论。

## 第一讲　四次警务革命和十大趋势

### 第一节　四次警务革命

滚滚长江东逝水，浪花淘尽英雄。是非成败转头空，青山依旧在，几度夕阳红。

白发渔樵江渚上，惯看秋月春风。一壶浊酒喜相逢，古今多少事，都付笑谈中。

——杨慎

## 一、罗伯特·比尔创立英国伦敦大都市警察，即苏格兰场

警察有漫长的过去，只有短暂的历史。

警察是世界上最年轻的职业。从 1829 年罗伯特·比尔创立伦敦大都市警察到现在，中间警务改革如潮起潮落，有代表性的有四次，叫做“四次警务革命”。

世界上任何职业，都有祖师爷：中医的祖师爷叫孙思邈；木匠的祖师爷是鲁班。警察的祖师爷是谁？

**西方警学专家比尔·塔夫曼**

1986 年，公安部请来了西方警学专家比尔·塔夫曼。比尔·塔夫曼是个大胖子，有着大胡子。拿起笔来在黑板上写了题目：“用毛泽东思想和恐怖主义作斗争。”

学生就乐了，说：西方人研究警察学，是用毛泽东思想。比尔·塔夫曼不会讲中文，走上讲台，说了四句中国话：“敌进我退，敌驻我扰，敌疲我打，敌退我追。”比尔·塔夫曼说：“全世界凡是研究恐怖主义的，都是用这四句话和恐怖主义作斗争。”

何为敌进我退？恐怖主义把人质劫持，要什么条件我先答应。等到恐怖主义分子安顿下来，把部队调上去，把他爹妈叫来喊话，“小二呀，快投降”。

等到恐怖主义分子疲倦了，就叫敌疲我打，敌退我追，消灭恐怖主义，解救人质。

**关公是世界警察之父**

课讲得非常好，第二天到王府井买东西。比尔·塔夫曼要买一幅关羽的像。

他说“关公是世界警察之父。我是世界上唯一的警察研究所的所长，买一幅关羽的像回去供奉。”

那时候北京没有卖关羽像的。

**上京警巡院是世界上最早的警察**

公安大学校长接见比尔·塔夫曼，两人握手，校长说：“你是英国来的，世界警察的故乡就在英国。1829年，罗伯特·比尔创立伦敦大都市警察。”比尔·塔夫曼马上说：“不对，世界警察的故乡是中国，公元900年前后，辽金时代的上京警巡院是世界上最早的警察。”

“警巡院”三字跟现在的巡警一样，顺序颠倒。译成今天文字：“首都巡警大队”。中国警察比西方早了七百年。

**建警十二条**

1829年罗伯特·比尔建立伦敦大都市警察，是第一次警务革命，是警察从无到有的革命。

罗伯特·比尔建警时制定金科玉律12条：

1. 警察应以军队为榜样，建成一支稳定的行之有效的队伍。

2. 警察必须在政府的控制之下。

3. 减少犯罪证明警察的效率与效益。

4. 发布犯罪统计是警察的基本工作。

5. 以时间和地域科学分配警力。

6. 制怒、宁静、有礼是警察质量的根本保障。

7. 以形象赢得尊重。

8. 招募、训练适当人选是执法之本。

9. 公众安全需要每个警察挂牌服务。

10. 警察首脑机关必须接近公众。

11. 警察需先见习，后上岗。

12. 以警察掌握的犯罪记录作为分配警力的依据。

**藏兵于农，凡民皆兵**

清朝科举的考试卷子写着："臣考三代以前，藏兵于农，凡民皆兵，无所谓兵也。"

夏商周三代以前，是原始社会末期，奴隶社会初期，没有军队，也没有警察。警察即百姓。老百姓即警察。英文里有一个词叫 Self-policing，自我警务。此即西方社区警务改革的主题词。

**罗伯特·比尔**

罗伯特·比尔是现代警察之祖师爷。此人小时候是小玩闹，斗鸡走狗，不好好念书。长成之后，爸爸给他谋职。罗伯特·比尔之父非常有钱，富可敌国，为其捐官：苏格兰总督。当了苏格兰总督后，他非常能干，在苏格兰建立了世界最早的警察。中央政府将其调回伦敦，任职内政大臣。

**"苏格兰场"**（Scholand Yard）

罗伯特·比尔是苏格兰总督，在伦敦设办事处，叫苏格兰场，场就是大院。他建警的时候没有办公地点，就把苏格兰大院当了办公地点。苏格兰场是警察局的代名词。

第一次警务革命是新旧警察的分水岭。

**二、美国警察专业化运动（20世纪20年代）**

20世纪20年代的美国警察，没有警服。穿的是牛仔的衣服，警察是牛仔，犯罪分子也是牛仔。

选警察只有一条：枪打得准，让他当警察。牛仔枪玩得好。警察见牛仔，你看我，我看你，隔着50米，谁也不能先掏枪，先掏枪者犯规，等着教堂钟声打12点。警察迅速掏枪，一枪毙敌。射击后一吹枪口，好不潇洒！

此即当时警察的形象。警察非国有，是地方警察。地方警察，地方势力之看家护院者。第二次警务革命的主题词，叫"警察和政治分离"。注意，此政治非今日之政治，政治即地方政权。核心是向非警务活动说不。

90年之前，美国人把非警务活动剥离，有金匮要略：警察只向法律负责。此乃第二次警务革命。先培训，后上岗，实行军事化管理，内勤和外勤之分工，都是在第二次警务革命完成的。

第二次警务革命是新警察独立与成熟的标志。

**三、欧美警察现代化（20 世纪 30 ~ 70 年代）**

警察现代化。开始于 20 世纪 30 年代，终于 70 ~ 80 年代。这是警察最辉煌的历史：叫“四个现代化”，“三个增长”。

第一，车巡代替步巡；

第二，通信现代化；

第三，计算机革命；

第四，个人装备现代化。名曰：“四个现代化”。

到 20 世纪 70 年代，西方警察顶盔带甲，武装到牙齿。头顶头盔，肩挂对讲机，身着防弹衣。腰里面系着 7 件宝：手枪、折叠警棍、手电筒、手铐、催泪瓦斯、笔记本等。左手握盾牌，右手执警棍，驱巡逻车，带小电脑。此现代化警察之最标准写照，叫做“机器人”。

除四个现代化，还有“三个增长”，叫“人财物”。

在 20 世纪 70 年代之前，西方警察经历大增编，以英国为例，英国警察现在是 17.2 万人，在 70 年代以前只有 4 万人，“铁娘子”撒切尔夫人，治乱世用重典。举“法律与秩序”（Law and Order）之大旗。

其一增编警力，翻了两番。

其二增加财力，个人平均年薪65万人民币。西方警察工资普遍比同级的政府公务员高15%。

其三装备现代化。

这“四个现代化”，“三个增长”，把警察推到了历史的黄金时代，但是警察现代化到70年代突然放慢脚步。警察现代化，带来三大弊病：

第一个弊病，犯罪和警力同步增长。增加警力的初衷是要遏制犯罪，但是警力翻一番，犯罪跟着翻一番，这让各国警察冷静地思考。

第二个弊病，警民关系恶化。警察现代化的最大弊病，就是脱离群众。警察坐在巡逻车里，自以为老子天下第一，“秀才不出门，全知天下事”。百姓对打着警笛，招摇过市的警察非常反感。老百姓说：“警车车轮子跑得越快，离群众越远。”西方警学界有一命题：“更夫和机器人”之争。何为现代化的警察？现代化的警察应该是更夫，而不是机器人。

为何重提更夫？更夫和老百姓贴得最近。更夫居自家之地，知百家之事。故百姓说，“宁可要更夫，不要机器人。”

第三个弊病，对快速反应和车巡的再认识：两者对打击犯罪的作用还需论证。

**四、社区警务（20 世纪 50～80 年代）**

20 世纪 70 年代警察达现代化之高峰后，突然止步。第四次警务革命的大幕拉开。第四次警务革命始于 20 世纪 70 年代至今。英国警学家约翰·安德逊是社区警务战略之父，

社区警务产生于美国，兴盛于英国。社区警务的理念，简为社区警务树（Community Policing Tree）。

警察好比一棵大树，树干是警察，枝叶为警种，果实是工作的成效。

前三次警务革命，大树长得高、长得直。树根脱离了群众，脱离了社会。第四次警务揭示原理：树有多高，根有多深。根往回长，返璞归真，即社区警务，土壤就是社区。

社区警务的原理有三：

第一，产生犯罪的根源在社会，遏制犯罪的主力军在社会。过去认为警察是打击犯罪的主力军，现在西方人认为，人民群众才是主力军，即：“臣考三代以前，藏兵于农，凡民皆兵，无所谓兵也。”

第二，警务改革的成效依赖于社区。

第三，全部警务革命都离不开社区警务。

我国的“标本兼治，重在治本”的思想与欧美社区警务战略相似。“标”是树枝树叶，“本”是树根。四次

警务革命，180 年画了一个圈，从罗伯特·比尔返回到罗伯特·比尔。四次警务革命，一言以蔽之：返璞归真。

## 第二节　十大警务改革趋势

**十大警务改革趋势**（Ten General Tendency of 4th policing Reform）

四次警务革命有十个大趋势。

1. 人、财、物剧增与无增长改善论。
2. 机器人与传统更夫。
3. 被动反应与主动提前警务模式。
4. 巡逻与社区警务。
5. 战士与公仆。
6. 主观与客观评价体系。
7. 单一行动与国际警务合作。
8. 集中领导与分散领导。
9. 公有警察与警察私有化。
10. 军事化与平民化警察。

### 一、警力。人财物剧增与无增长改善论（Improve without groweth.）

警力定义有二：

狭义警力 = 编制人数（数量）；

广义警力 = 战斗力与完成目标的能力（质量）。

警力公式 = 人数 × 学历 × 基层比例 × 培训/年龄老化

**各国立案数与警力**

| 国别 | 立案数（件/万人） | 警力绝对数 |
|---|---|---|
| 美国 | 536 | 80 万人 |
| 加拿大 | 998 | 54 万人 |
| 英国 | 1020 | 67 万人 |
| 法国 | 678 | 45 万人 |
| 德国 | 803 | 73 万人 |
| 俄罗斯 | 177 | 46 万人 |
| 中国 | | 200 万人 |

**数字比较**

警民比：欧美警察平均值是万分之三十五，1 万个人里头有 35 个警察；中国有 200 万警察，警民比为万分之十五。

犯罪率：犯罪率是按一万人，一年发案数。西方普遍是万分之八百以上，中国是万分之一百左右，不及西方（立案标准不一，无可比性）。

**“无增长改善论”**

世界警察都经历了大增编的历史，到 20 年纪 70 年代，突然勒马止步。西方奉信理论：“无增长改善论”。

20 世纪 70 年代英国有某牛津大学教授，获诺贝尔物理学奖，他发现了夸克，什么叫夸克？中国古书《淮南子》有云：“一尺之锤，日折其半，万世不竭”，即物质的无限制可分性。构成物质的是分子，比分子小的是原子、电子，到了电子就不可分的。教授发现夸克，又叫准电子。约翰·安德逊当时是警察厅长，前去拜访。进门大惊：

“你的装备都在哪？”

“窗户靠墙有三排仪器。”老人答。

安德逊问：“单凭这三台简陋的仪器，你就得了诺贝尔奖？你雇了多少人呢？”

“一无钱，二无人，老汉一人双手，得了诺贝尔奖。”老先生又说：“我一无钱，二无装备，但是我有好多思想的火花在头脑里。”一语点醒梦中人。

安德逊听罢深思：我当了一辈子警察局长，我每次警察改革都是三个字：人财物，误入歧途乎？

安德逊端坐安乐椅上，泰然深思，忽有所悟：著书一本，名为《安乐椅上的哲学》。在这本书里，他提出“无增长改善论”，有三个要点：

第一，警力远远超出了社会的承受能力。西方养一个警察 65 万人民币，皆纳税人的钱。要给警察增编，执政党就要受到群众的指责，大幅度增加警察的开支，是无益的、危险的。

第二，现代化不应该是警力高比值。这位老先生临走的时候请我喝酒，他是个聋子，把嘴贴着我耳朵使劲地喊，说大伟你一定要记住："警察现代化绝不是警力高比值。"

第三，社区警务是警力改革的方向。

**蒙古马精神**

中国警察一个人干西方三个警察的活，一个警察一年的工作，相当于政府公务员的两年半的工作量。中国警察每年牺牲者达四百余人。2002 年我去日本，问：你们一年牺牲几个？答：一年死两个，伤三个。

人民警察，即共和国忠诚的蒙古马。对主人无比忠诚，冲锋陷阵，义无反顾，无怨无悔。

## 二、机器人与传统更夫（Robert Cop and watchmen）

警察装备是各国警察部门十分重视的重要环节，有两个国家的装备在世界上屈指可数，一个是美国，另一个是日本。

**警察现代化评价标准**

第一，同步定律。警用科学技术必须和国家的技术水平同步。比如说芬兰的警察计算机化，芬兰警察全部是无纸张办公。芬兰无论是买粮食、缴煤气费，所有的服务性行业，全部是计算机联网。

第二，技术基准定律。警察的装备应该以本国的技术为基准，非洲有很多国家建警，用的是美国的技术标准和装备标准。买回的装备，第一年生锈，第二年当废铁卖。为什么？用不上。

第三，犯罪基准定律。一个国家的警用装备必须和犯罪成正比，可以超前，不能滞后。

第四，心理基准定律。过去50年，中国的警用装备落后于西方，但是我们已经迎头赶上。中国警察应当把腰板挺得直直的，我们中国不比外国差。

20年之前，中国警察勇敢地走出国门，追西方警察现代化之时，西方已经开始了社区警务运动。警察现代化的步伐已经放慢了，开始了以人为本的时代。

当时由于警务理论研究的滞后，不知警务革命的趋势，和世界警务革命擦肩而过，教训深刻。

## 三、被动反应与主动提前警务模式（Proactive Policing and Reactive Policing）

**主动提前警务为双向模式**

警务风格有两种：一种叫做被动反应警务，一种叫主动提前警务。

（1）被动反应警务为单向模式：快速反应—出现场—侦查—破案。

（2）主动提前警务为双向模式：在坚持被动反应警务

的同时，强调：情报先行—宣传—合作—预防犯罪。

被动反应警务是第三次警务革命的标志，叫 Reactive policing。西方人给它起一个形象的名字叫“消防队似的警务”：“平时看不见，电话来呼唤，来时急如火，回去一溜烟”。被动反应式它是建立在 4 个要素上，快速反应，出现场，侦查，打击犯罪，这是单向的反应模式。

**被动反应警务之弊**

警力：警力集中，基层警力少。

衡量标准：快速到现场（5 分钟），不重视破案、社区稳定。

警务风格：从被动到主动，是追得上、堵得住的机器人。

心理与角色：打击犯罪的战士，失去公仆意识，失去群众支持，警民关系恶化（汽车轮子越快，离公众越远）。

警务模式有利必有弊。快速反应，追得上，堵得住，是利；警民关系恶化，不注重基层基础工作，不注重发案率，忽视了服务机能，是弊。

**主动提前警务之利**

西方提出主动提前式的警务模式（Proactive policing）。强调在快速反应的同时，又建立了情报先行、宣传、合作、预防犯罪模式，叫作主动先发模式。

西方快速反应只讲究快速反应的时间，与增加破案率无补。中国人创造了立案回告制（云南）。报案后，24 小时之内，警察到你家敲门回告，24 小时、1 个月、3 个月、半年，4 次回告。被西方人认为领导世界警务革命新潮流。

**世界上最早的快速反应**

中国人的快速反应最早可追溯到雍政年的军机处。雍政年新疆叛乱，建军机处："八百里加急"，"红旗报捷"。

**四、巡逻与社区警务（Community Policing）**

巡逻和社区警务是现在西方警务的两大核心任务。

**西方巡逻效果的实验**

（1）美国堪萨斯巡逻实验（1973 年），被誉为警察科学的里程碑。实验分为三区。结果在受害、公众安全感、公民对警察的态度、反应时间上无明显差异。

（2）英国艾克赛特警察学研究所证实：巡逻警察遇到抢劫犯为 15 年 1 次。

（3）英国人丹尼麦什发现：巡逻警察在 100 米内遇到盗窃现行犯为 40 年 1 次。

**堪萨斯实验**

堪萨斯实验被称作警察科学的里程碑，把美国堪萨斯分作三个警区。用科学来研究车巡对遏制犯罪的作用。

在 A 区取消了巡逻，即零巡逻。

在 B 区坚持原来的巡逻，5 辆巡逻车巡逻。

在 C 区加大 3 倍，15 辆车的巡逻。

巡逻实验区全部封闭住，不让犯罪转移，用数学模型监视 1 年，用 4 个参数来衡量结果：发案率、破案率、快速反应时间和公众安全感。实验结果：发案率在这 3 个区的几乎一样，但 C 区公众安全感上升。

结果一出，石破天惊。堪萨斯实验，争议很大，揭示真理：警察工作，切勿拍脑袋，而应以实证为主。

**评价巡逻结果的四个标准**

刑事标准：基本被否定。

治安标准：疏散交通、调解争斗、查禁危险品方面有效。

非刑事标准：警民对立。在服务救护方面有很好的社会影响。

心理标准：车巡形成“角色冲突”。步巡加强警民关系。

**满意决定警务论**

社区警务的核心词是满意决定警务论。

何为社区警务？在操作层面上，就是社区的老百姓怎么满意我怎么干。警察满意，群众满意就是最好的社区警务。

**英国社区警务两绝**

其一，“更换针头运动”。英国普利茅斯60%孩子吸毒，静脉注射海洛因，传染艾滋病。每年要死6个孩子，警察倡导一种叫做“更换针头运动”：每个警察腰里面都带着饭盒，里面装着新针头，上街看见小流氓、小痞子，以旧换新，换回去晚上到家里，把针头洗干净了，煮熟了，消毒了，第二天再上街换针头。

其二，财产标刻法（Marking valuble）。西方社区警务警察上街带着7把刻刀，你要是买了笔记本电脑，警察就到你家去，从兜里掏出刻刀，就像咱们刻印章一样，在笔记本电脑上给你刻上姓名和邮政编码。这样犯罪分子就没办法偷了。再以不干胶标志贴窗户上，叫邻里守望。标志有两句话，第一句说，“你已经进入邻里守望地区。”告诉犯罪分子你已经进入人民战争的汪洋大海。第二句话：“我们家所有的财产都刻着字。”告诉犯罪分子你别偷了，换地方吧，这都刻好了。

**从预防犯罪到预防被害**

警语是西方警察宣传群众的有效武器。王大伟总结的警语：

1. 男人只带一百元。

2. 家里三不搁。

3. 四喊三不喊。

4. 背心裤衩覆盖的地方不许摸。

5. 人一生要遭受三次侵害。

6. 给小偷一个不偷的理由。

7. 用百分之一的钱买门。

8. 每个女孩应有一个防身器。

9. 妈妈教给女儿的秘密：二龙戏珠。

10. 气温上升 2 度，强奸案上升百分之一。

**王大伟平安童谣：怎么识贼**

贼眼左右乱看，

手拿报纸雨伞。

男的衣着平凡，

女贼花枝招展。

**平安童谣：小熊好宝宝**

小熊小熊好宝宝，

背心裤衩都穿好。

里面不许别人摸，

男孩女孩都知道。

**王大伟总结的贼经：四听八看**

贼看：

一看：电表转动。

二看：物业打分排名。

三看：破窗。

四看：报纸与牛奶。

五看：门口灰土。

六看：老式防盗门。

七看：小区保安。

八看：小区照明。

贼听：

一听：敲门听反应。

二听：窗户里边风。

三听：睡觉打呼噜。

四听：楼道脚步声。

**五、战士与公仆**（Crime fighter and social service worker）

西方警学基本理论，把警察职能分为两类，一类叫战士，一类叫公仆。

第三次警务革命把警察定位在战士。选警察有 3 个标准，叫 Tall，Black，and Handsome，Tall 是高，Black 是黑，Handsome 是帅。第四次警务革命，警察成为公仆了，即电影《今天我休息》里马天民的形象。

**“8:2 的报案公式”**

西方人发现：每 100 起报案电话，80 起是求助的，只有 20 起是执法的。

**王大伟总结“派出所的西瓜”**

警察工作大量的是日常琐事，而不是打击。对警察的职责、作用发生了很大的震动。王大伟在济南干石桥派出所做过调查，叫“派出所的西瓜”，假如派出所总工作量是一个西瓜的话，打击犯罪只占20%；30%是基层基础工作，如办证、办户口；50%是非警务活动和服务助民。此系城市派出所现状，叫“派出所的西瓜”。

**六、主观与客观评价体系（Assessment of policing）**

评价标准，世界上有两类，第一类叫客观，一类叫主观。

**客观标准**

客观标准是看得见、摸得着，有数字的，包括：发案率，破案率，发案时钟，犯罪趋势，警察和人口比，各类案件比（每发100件案子，在常态下75件是侵财案件，25件是侵人案件），即以前衡量公安工作的主要的指标。

**主观指标**

主观指标往往不以数字为准，而以主观感觉为准。比如公众安全感，警察的满意程度，警民关系调查，工作重点评价。

（1）客观标准：发案率、破案率、发案时钟、犯罪趋势、各类案件比、警察与人口比。

（2）主观标准：被害人调查、公众安全感、公众对警察的满意程度、警民关系调查、工作重点评价。

西方警务改革的核心词叫“满意决定警务论”。比如说富人区，主要是以服务为主。案件高发区，以打击为主。小区情况不一，警察工作重点各异。

被害人调查。发生一起强奸案，背后可能有6起隐案，性侵害案件的隐案为1:7。要用被害人调查来补充。

**“一个蛋糕切四刀”**

中国发案率低于万分之一百，西方是万分之八百，为何？

首先，我国有立案标准，城市1000元，农村500元，西方没有。西方丢一个便士，都要立案，70%的案件是侵财案件的话，由于盗窃数额低，第一刀就把百分之六七十的案件给砍掉了。

其次是治安处罚法，把大量的微罪排除在犯罪之外。大概每3起治安案件诱发一件刑事案件。总之，大量的案件以治安处罚的形式淹没了。

再次是报案渠道不畅通。西方有这样的统计，街面有一个警察，日接案是10起，有两个警察，日接案就应该是20起。警察越多，接报案的途径就越畅通，立案亦越多。

最后，观念造成的隐案和漏案。

**英国是怎样认识发案率的**

首先，发案率高是警察工作认真负责的标志。

西方警察主要是巡警，对巡警的工作衡量的标准，又恰恰是接报案数。警察巡逻一天，接了10起案子，他回来报案的时候也弄虚作假，说接了12起，弄虚作假，往上弄虚。

其次，发案率高是报案渠道畅通。

最后，发案率高说明此地需要整治，可以向政府申请更多的人财物。

**犯罪高峰和警察无直接关系**

西方人对发案率持的态度和我们有本质差别。西方人从理论上解决了犯罪上升和警察没有直接关系的根本理论问题。西方观点如下：

1. 犯罪高峰论。

新中国成立以后，中国的刑事发案在动态中起伏，叫两个阶段4次高峰。

前28年共有3次犯罪高峰，即1950年、1961年、“文革”10年。犯罪高峰发案率在万分之五左右。按照一个发案模式：

首先，震荡源引起社会震荡。1950年的震荡源是阶级斗争，中国大陆有200万国民党的散兵游勇，震荡源是单一震荡，阶级斗争。镇压反革命以后，马上回落。

其次，社会振荡引起社会生态的破坏。第二次犯罪高峰，1961 年，两个震荡源形成共振，叫“天灾人祸”，天灾，是连续 3 年的自然灾害，人祸是还苏联的钱。主要的犯罪形式是哄抢粮食，宰杀耕牛，社会震荡非常剧烈。但生态非常好，所谓生态就是基层党组织、政府、家庭与学校。“饿死事小，失节事大”。大震荡稍微缓和，马上回落。中华民族是非常伟大的民族，生态平衡非常稳定。

社会震荡如沙尘暴，不怕风大，但怕植被破坏。改革开放以来，有的学者管它叫“猛增阶段”，且无彻底回落迹象，犯罪率以每年 24% 的速度递增。

尽管进行了 20 年“严打整治”斗争，整个回落趋势还不明显。犯罪率是不以人的意志为转移的客观规律。

4 次犯罪高峰，多由社会政治经济大背景制约没有一次和警察工作有直接关系，从理论上帮助警察卸了大包袱。警察和犯罪之间有关系，但不是直接的对应关系。

2. 犯罪转移论。

第一点，犯罪能量是守恒的，前 28 年，发案率万分之五，犯罪的能量非常低。但是改革开放以后，多震荡源形成共振和谐振。现在犯罪源颇多，基层党组织和家庭生态减弱，一遇风吹草动，社会动荡不已。

一定的社会与经济背景所产生的犯罪总能量是守恒的。

第二点，犯罪是转移的，即犯罪转移论，抓打击能把犯罪压下一部分，但是不会消灭。

犯罪转移模式：一个分局，下设三个派出所，分局年发案是一百起，每个派出所三十多起。但是 A 派出所所长非常能干，别的所的车只锁一把锁，他给它锁七道，外面用铁栅栏栅起来，外面用人看着，这叫打防结合。犯罪分子来偷 A 派出所不成，则改偷 B 和 C。

结果 A 派出所只发案二十起，下降十多起，A 派出所披红挂彩，立功受奖。但这十多起犯罪不会消灭掉，按犯罪转移理论，转移到了 B 和 C 派出所。如果 B 和 C 派出所做好了，他就转移到其他方面去。犯罪能量守恒，总量不变。

王大伟调查一百个派出所长，问卷：工作要做好了，犯罪率能不能下来？派出所长答：下来 20%，再不可降，能量守恒。犯罪要往别的地方转移。

发案少，秩序好，社会稳定，群众满意，这是公安部制定的总体衡量标准。此四个指标，只有发案少，是客观指标。后三个皆主观指标。公安工作的整体评价指标正在和世界警务改革大趋势接轨。

## 七、单一行动与国际警务合作

1. 整个欧洲无边境。1992 年后，欧洲取消边境控制：

允许人员、资金、服务、就业自由流动。

2. 犯罪联网。亚洲金三角产毒品，运到荷兰的阿姆斯特丹，将贩毒的钱支援英国的“爱尔兰共和军”。爱尔兰共和军团通过普力茅斯港将整个欧洲的盗窃车辆运向法国到达非洲。

3. 警察联网。欧洲警察的硬外壳五级同心圆：申根（Schengen）条约 5 国协调。揣威论坛（Trevi furum）12 国协调、部长、局长、专家会议。“热追捕”。反恐怖主义警察 15 国协调。欧洲共同体议会 22 国协调。

欧共体针对犯罪联网，通过五级同心圆，形成欧洲的警察联网。

第一级为申根 5 国，即申根条约。比利时、荷兰、卢森堡 3 国取消签证，最后到 5 国取消签证。

第二级为揣威论坛 12 国协调。法语 12 国形成协调。部长、专家和局长的年会进行警务合作。其中有 hot persure，即“热追捕”。何为热追捕？比如中国和朝鲜一江之隔。犯罪分子往返流窜。警察为江所隔，望江兴叹。实现“热追捕”后，警察可以追进去 70 英里，不需要跟对方打招呼，如虎添翼。

第三级为 22 国反恐怖协调。

第四级为国际刑警组织。

第五级为欧洲警察。如丝如网，环环相扣。形成世界范围警察联网。

## 八、集中领导与分散领导

世界上的警察体制粗分为二：大陆派和海洋派。

大陆派警察：法国、德国，垂直领导。

海洋派警察：美国、英国，块块领导。

**梅拜的四种模式**

英国模式、美国模式、大陆模式、殖民地模式。

**邱华君的两派论：大陆派和海洋派**

1. 组织。大陆派集中领导，全国统一组织；海洋派以地方自治为主。

2. 权力。大陆派警察权力范围较大；海洋派限制警察权力的范围。

3. 业务。大陆派警察业务广泛，包含许多行政管理的内容；海洋派警察业务以治安、预防犯罪为主。

4. 服务。大陆派不强调警察的服务精神，以执行法律为主要内容；海洋派注重警察的服务与福利，保持良好的警民关系。

5. 人事。大陆派中央警察机关支配地方人事任免；海洋派警察是人事分权，中央与地方的警察各自独立。

6. 教育。大陆派警察的教育经费与计划均由中央警察机关划拨与制定；海洋派警察教育经费与计划由中央、地方两级承办。

7. 勤务。大陆派警察的勤务单位为警勤区，分局下设派出所；海洋派的警察勤务以巡逻为主，分局下设巡逻区。

8. 经费。大陆派警察经费由中央统一编制预算；海洋派警察经费由中央和地方两级负担。

**“交融现象”与“趋同现象”**

自“二战”以后，西方警察体制正在发生巨大的变化，即所谓“交融现象”与“趋同现象”，体现为两个特性：

一是非典型性；非典型性（实际上是减少差异）体现为原有的四种警察模式（即盎格鲁—撒克逊模式、美国模式、大陆模式、殖民地模式）逐步趋同。原来典型的模式现在已见不到了。统一性体现为两个方面，一是各种模式的警察组织结构上大同小异。原来甲模式有的，现在乙模式也有了，或是有了类似的东西。

二是各国警察之间的协调、合作逐步增加，有形成跨国、跨地区警察联邦（联盟）的趋势，如欧洲共同体的警察合作就是典型。上述交融与趋同现象是世界警务改革的大趋势之一。

“党委领导，分级负责，条块结合，以块为主”，这是中国警察的领导体制。

世界警务革命的趋势亦如此。凡是条条都向块块发展，凡是块块都向条条发展。

英国原来是43个警察局，人称43个“军阀”，但是它现在慢慢地变成20个，逐步收编。英国没有公安部，伦敦的警察局将慢慢地替代公安部。

法国过去传统是军警，现在建立城市警察，分出民警。

合久必分，分久必合，此警学之理，天下大势矣。

**九、公有警察与警察私有化（五种私人警察 Privatization）**

警察私有化是世界性的警务改革的大趋势。

警察私有化被认为是第五次警务革命的方向。西方每1名正规警察，有3名辅助警力。西方有五种私人警察。

1. 私人安全公司。

2. 特别警察队，如英国原子能局警察，伦敦港口警察。

3. 文职。伦敦警察有3万人，文职2万人。

4. 警察承包制。

5. 特别公安员。

第一个是私人安全公司。

第二个是特别警察。就是各种原子能机构、港口、公园都自己设立自己的警察。

第三种是文职。伦敦有三万警察，有两万文职，文职发警服没有警衔，工资待遇低于正常警察，以此解决编制经费不足。

第四种是警察承包。今天要踢一场足球，警力不够则发包，投标中标。

第五种是特别公安员。类似保安。

或曰，警察私有化代表着第五次警务革命。是整个警察发展大趋势，但是保安业之兴起，辅助警力之勃发，争议颇多。中国有八支队伍：联防、治保等。一方面用之顺手，一方面无执法权。

青山遮不住，毕竟东流去。

西方 1 个正规警察有 3 个辅助警力辅助，而中国比例数更高。中国是世界上警力最低的国家，最保守的估计是 1 个警察有 4 个辅助警力，最高的估计是 11 个。故中国辅助警力用得最多、问题也多，承认不够，何去何从？

### 十、军事化与平民化警察

#### 平民化警察

大陆派的警察以法国、德国为代表，以军警的形式出现的，还有一类海洋派的警察，主要以英国为代表，不配枪。

世界警务革命的趋势是：无论军警还是民警，都重视武装。即使最平民化的英国警察，现也武装到牙齿。这是世界共性。

平民化警察有三大法宝：

1. 最小动用武力原则。
2. 形败实胜的战略。
3. 非杀伤性武器。

**最小动用武力原则**（The strategy of minimal force）

各国警察，均武装化，纵然如此，有枪不能用，此乃警务理论，叫最小动用武力原则。英文叫 Minimal force。此原则在 20 世纪 80 年代翻译到中国。克制忍让，以文为荣。

**形败实胜的战略**（To win by appearing to lose）

此乃警察平暴战术，当民众集团与警察方队对抗，剑拔弩张时，可精选警察十人，佯作突击，冲入民众之中。民众冲动，警察被打。或血流满面，或皮开肉烂。电视直播，媒体报道，民众自知理亏而散去，达到上兵伐谋，不战而屈人之兵之奇效。

**非杀伤性武器**

即在防暴中，盾牌压住阵脚，警棍开道。

警察不开枪，而选用橡皮子弹、木弹、眩晕弹、网枪、电击枪等非致死性武器。既可控制局面，又不死人伤人。

# 第二讲　警务改革新三论

“江山代有才人出，各领风骚数百年。”

欧美警务改革的理论高潮迭起，层出不穷。近 30 年，欧美警务改革的理论可归纳为警务改革八论：

老五论：被动反应警务论、主动先发警务论、社区导向警务论、问题导向警务论、市场机制导向警务论。

新三论：情报导向警务论、危机警务论以及反恐导向警务论。

## 第一节　情报导向警务

### 一、情报导向警务的概念

情报导向警务是新警务改革的“领头雁”，其英文有 3 种表述：

其一为 intelligence-led policing，直译为“情报引导警务”；其二为 intelligence-driven policing，直译为“情报驱导警务”；其三为 intelligence policing，直译为“情报警务”。

#### 1. 定义

情报导向警务（intelligence-led policing），产生于 20

世纪90年代的欧美各国，是主动先发警务模式的一种延续。情报导向警务的核心词是以犯罪情报的分析与解读作为决策的依据。

它可分为两个层次：

一是战略层次；二是战术层次。

在战略层次，强调犯罪情报在决策中的导向作用。通过情报解读犯罪环境，通过情报影响决策者，决策者改变犯罪环境。这三个环节形成一个系统内部的反馈与制约机制。

在战术层次，强调在制定预案或每一次警务专项活动中，都要以情报为主导，制定科学的计划。

**2. 定义剖析**

情报（intelligence）与信息（information）的区别：

情报：人们对收集的信息进行分析评价形成智力劳动成果。

公式：收集的信息＋分析评价＝情报

警务：（policing）一般指全部警察行为的总和。

勤务：指具体的警察行为。

## 二、情报导向警务的工作原理

1988年，艾克勒姆采用了五步分解法，即“艾克勒姆五步分解法”：

第一步：收集信息；

第二步：分析解释；

第三步：战略设计；

第四步：贯彻实施；

第五步：科学评估。

第一步：收集信息。

据统计，《孙子兵法》中所用频率最多之字，当属“知”字。即信息，即情报。

《孙子兵法》说，“夫未战而庙算胜者，得算多也；未战而庙算不胜者，得算少也。多算胜少算，而况于无算乎！吾以此观之，胜负见矣。”故曰：知彼知己，胜乃不殆；知天知地，胜乃可全。

第二步：分析解读信息。

信息分析解读的基本方法有两种：一是空间标图法。即犯罪地图。

在地图上标注犯罪高发点，如“杀人通道”，“贩毒铁锚”。

二是时间标图法。即犯罪月历。

**王大伟：犯罪的高发季节**

较为平安三月三，

四月五月往上蹿。

夏季多发强奸案，

冬季侵财到峰巅。

**王大伟：犯罪月历**

一月警示：一月本是绿色月，外出乘车防扒盗；节日外出带好娃，预防诈骗要警觉。

二月警示：二月新春较平安，年前早把欠债还；庙会灯节少带钱，儿孙不叫离身边。

三月警示：春暖花开三月三，防止火灾记心间；春雷一响害虫醒，各类案件向上翻。

四月～七月警示：初夏外出保平安，各类案件往上蹿；老板谨防抢与骗，女孩警惕色与奸。

八月警示：八月慎防性侵犯，暴露衣裙应少穿；盛夏之夜危险大，观念预防记心间。

九月～十月警示：秋风刮起不平安，侵财侵人双发案；强暴风波才下去，盗窃高峰又重现。

十一月～十二月警示：年底侵财到峰颠，外出尽量少带钱；手护提包防“两抢”，与人交往防诈骗。

第三步：战略设计。

中医治病，讲究阴阳五行，“君臣佐使”。多管齐下，辨证施治。

社会水平干涉。例如，学校、家庭、市场，综合治理。

情景水平干涉。例如，用各种易犯罪情景因素，设计抵御犯罪。

第四步：贯彻实施。

（1）制定规则；（2）提供设备；（3）实施奖励；（4）解决经费；（5）大力宣传。

第五步：科学评估。

评估机制，既敢报喜，亦敢报忧。近五十年，欧洲及北美重大预防犯罪实验有五十四个，一半失败。

（1）科学评估应以外部评估为主。

（2）科学评估应预留 10% 的评估预算。

（3）评估包括：程序评估；结果评估。

### 三、科学评价欧美情报导向警务

1. 认真研究，切勿望文生义，对号入座。

2. 欧美情报导向警务主要是战术层面的一种思维模式与工作计划模式。

3. 欧美情报导向警务与降低犯罪无直接关系。

4. 以我为主，谨慎对待欧美情报导向警务。

## 第二节 危机警务（Policing Crisis）及在人质劫持事件中的运用

### 一、震惊世界——俄罗斯人质事件大追踪

别斯兰人质事件血的教训：

人质死亡三百三，
开放现场第一难。
群龙无首大混乱，
绑匪混杂群众间。
谎报军情推责任，
官员躲在千里远。
僵化思想加铁腕，
信号旗中伤亡惨。
谈判专家不敢谈，
血的教训记心间。

## 二、危机警务的定义与内涵

危机警务：顾名思义，乃“危机” + “警务”。

危机警务，即用警务方式化解危机。它是公安机关在其职能范围内，针对一系列公共安全威胁，特别是在社会震荡导致的冲突型危机中，所采取的各项有关危机的预防、处理、恢复的警务工作模式和措施的总和。

1. 危机有三性：（1）突发性；（2）高度不确定性；（3）影响具有社会性。

它的实质是非程序化决策问题。

2. 危机是社会问题积聚激化的暴发。危机事件实质就是潜在的各种社会矛盾与社会问题积聚激化后的表现形式，是冲突的人群试图通过非常规或极端的方式达到某种目的。

3. 危机应为一种动态的决策情势。社会基本价值和行为准则架构面临严重威胁，为在危机中得以生存，并将危机损害降至最低限度，决策者必须在有限的时间作出关键性决策。

**三、危机警务模式："警之于先，察之于后"**

王大伟主被动警务"4+6"模型。

面对人质劫持，预案先行。预案有二：一曰"主动先发预案"，二曰"被动反应预案"。"警之于先，察之于后"。两个预案，互为补充，方可奏效。

主动提前警务有4个要素。

1. 了解敌情：情报+耳目+评估。

2. 预案：时空分布图+危险预测+对策打包。

3. 预警：危险预测+预警发布+技能普及。

4. 联动：各警种+警察学家+消防+排弹+医务+心理+谈判+法律+媒体+装备。

被动反应警务有6个要素。

1. 指挥系统：固定+临时；预案+领导。

2. 快速反应：到达+清扫+解救+谈判-总攻（王大伟"四快一慎重"方案，即快到达，快清扫，快解救，快谈判，发起总攻要慢）。

3. 外围清扫：50 米 +100 米 +1000 米。

4. 谈判：专家选定 + 以人为本 + 进退 + 双重关怀。

5. 人质解救与救助：食物 + 非杀伤武器 + 自救 + 心理 + 法律 + 医务救助。

6. 控制媒体：新闻发布 + 新闻控制 + 手机屏蔽。

危机现场指挥要诀，也即现场指挥的原则：

动如火掠，

不动如山。

菩萨心肠，

霹雳手段。

**四、三种谈判专家划分**

谈判专家有三种，辩证选择，一把钥匙，开一把锁。

1. 儒将风格（孔明型，适用与中、老年歹徒或极度亢奋者）。

年龄应在四五十，

语速较慢很扎实。

不论俊丑有爱心，

一言九鼎诚可知。

2. 武将风格（子龙型，适用于中、青年歹徒或心情抑郁者）。

三四十岁正当年，

笑谈人生价值观。

高兴坚定有魅力，

称兄道弟义在前。

3. 孝庄型（美女型，特殊人物专用）。

洪承畴宁死不降，巧劝降功在孝庄。

孝庄皇太后型。为女性，甚至是美女。西方警察研究，女警察和人交往的时候，有亲和力，适合做社区、妇幼、学生工作。在谈判的时候，女警察也起着很大的作用。

明朝和清朝打了一仗，明朝三军总司令叫洪承畴，被俘虏之后，不吃不喝，想绝食而死。这洪承畴是宁死不降，效忠大明朝，往炕上一躺，把被子盖上，誓不投降。爱新觉罗·努尔哈赤派了无数谈判专家，左一个去谈不行，右一个也不行。洪承畴在床上躺着，奄奄一息，黄泉路近。

此时此刻，门帘子一掀，闪进漂亮少妇，穿小白褂、上绣兰花。手提竹篮，一壶鸡汤，目对将军，微微一笑，以目传情。说：将军何必啊，人生苦短。洪承畴睁眼，眼前一亮，春天来了。将军把被子一掀，翻身起来，鸡汤喝完，投降爱新觉罗·努尔哈赤。一把钥匙开一把锁，不同的专家解决不同的问题。

## 第三节　反恐导向警务

### 一、概念

1. 语言学的概念。

英文中 Terrorism 的含义为恐怖主义、恐怖分子与恐怖行为。恐怖主义有 3 类，即个人恐怖主义、团伙恐怖主义与有组织恐怖主义。恐怖主义的定义应包括政治概念、司法概念、学术概念。

2. 定义。

(1) 恐怖主义，是按照某种特别、刑事或政治的原则，由个人、组织或国家代表者进行的，或热衷采用的不间断的暴力方式。

(2) 暴力行为的被害人是从众多被害人群体中选择的。这种选择遵循两个方式：一是随机选择，叫做机遇性目标；二是典型选择，叫做代表性或象征性目标。

(3) 暴力行为的直接目标往往不是其主要目标。在威胁与暴力之后，隐藏着主攻目标。主攻目标就是制造恐怖。

3. 恐怖主义的七个基本要素。

(1) 动机：政治原因，社会原因（民族、宗教、文化），个人原因。

（2）目的：以制造恐怖为形式，达到实现政治、社会、个人动机的目的。展示自己，恫吓对手，争取对话，使对手让步等。

（3）手段：主要手段是制造恐怖，通常由一系列不间断的具体手段组成。具体手段有：爆炸、暗杀、劫机、投毒、劫持人质、游击战、破坏活动、抢劫、细菌战等。

（4）主体：个人，团体，有组织犯罪集团，国家的代表。

（5）对象：被害人不确定，随机抽取，直接袭击目标不是主要目标；主要城市，特别标志性建筑，政治、文化中心，飞机，轮船，火车；处于非战争状态的军人与军事设施。

（6）评价标准：采用中和技术，双重标准，把恐怖主义活动美化成为自由斗争、民族解放运动等。

（7）不易确定性：①与战争的混淆；②与刑事犯罪的混淆；③与民族解放的混淆。

**二、反恐警务对策**

美国“六剑下天山”。

1. 成立国土安全部。

2003 年 3 月，美国政府新的内阁级机构——国土安全部正是在此背景下成立的。其下辖：

（1）边境和交通安全部门；

（2）紧急预警和应对部门；

（3）科学技术部门；

（4）信息分析和基础设施保护部门；

（5）管理部门；

（6）美国特工局（U. S Secret Service）等六个部门。

美国政府对于国土安全部的工作给予了积极的财政支持，仅2004年，就拨款362亿美元。

2. 改革联邦调查局和中情局。

“9·11”事件发生后不久，美国联邦调查局（FBI）在局长穆勒的带领下，对FBI进行了针对性的改革，在反恐的策略上，强调主动先发的警务模式。

3. 突出地方警察在反恐中的地位和作用。

“9·11”及其随后发生的一系列恐怖袭击使得美国人认识到了整合国内力量联合反恐的必要性，因为所有的恐怖主义事件都是发生在地方或者以地方发生为序的，同时要获得大量准确的情报信息，持续和统一协调的指挥网，进行全国性的反恐战备训练，都离不开地方警察，在此背景之下，州及地方警察机构在反恐中的作用被突出强调。

4. 坚持美国的反恐三原则。

美国反恐的原则主要包括三个方面：一是美国不向劫持美国公民及其官员的恐怖分子让步。二是对参与或者支持国际恐怖主义的国家坚决予以打击，甚至不惜发动战争。三是积极与友好国家合作反恐，美国为多个国家警察举行了专门的反恐业务培训。

5. 加强和完善反恐立法。

为了有效地对付恐怖主义的威胁，美国不仅参加和签署了一系列国际反恐协定，而且在国内积极立法。目前，美国已经制定了《国家安全法》、《全国紧急状态法》、《反恐怖国际活动法》等与反恐有关的法律，“9·11”之后，美国通过了爱国者法案（The USA Patriot ACT）和航空及交通安全法案（The Aviation and Transportation Security ACT），相继出台了《防止生物恐怖袭击法》、《公共卫生安全与预防及应对生物恐怖法案》等法律。

6. 扩大警察权力。

一是监听。

二是警察讯问的权力。

三是在非法移民出境问题上，警察有了更多的选择和权力。

对反恐导向警务的评价。

反恐导向警务，彻底改变了世界警务改革的走向。

（1）权力：扩大警察权。

（2）角色：重塑战士形象。

（3）武器：采用杀伤性武器与高科技。

（4）风格：主动先发，预案先行。

（5）工作重点：强调情报导向。

## 结束语：王大伟跨越时代论

（世界警察赛马图 Horse—racing theory）

醉里挑灯看剑，梦回吹角连营。
八百里分麾下炙，五十弦翻塞外声，沙场秋点兵。
马作的卢飞快，弓如霹雳弦惊。
了却君王天下事，赢得生前身后名。可怜白发生！

——辛弃疾

为了达到警务革命的终极目标，世界上有 3 匹马在赛跑，暗中较劲，志在必得。

Horse A ：England and Wales Model，欧美马。

Horse B：The colonial Model，发展中国家马。

Horse C：China Model，中国马。

第 1 匹马，欧美马。1829 年罗伯特·比尔创立伦敦大都市警察，近两百年经历四次警务革命，披荆斩棘，不断探索。叫“摸着石头过河”。

第 2 匹马，发展中国家马。英国有四十多个殖民地，法国有三四十个殖民地。第二次世界大战以后，叫殖民地模式。这些国家是跟着宗主国的警务改革模式走，晚 20 年，叫全盘西化，邯郸学步。欧美怎么走，他们怎么走。成也欧美，败也欧美。

第三匹马，中国马。中国比西方警察专业化晚 90 年，比西方警察现代化晚 50 年。自身优势是什么？改革方向是什么？审视欧美四次警务革命，发现警示，寻找启迪。正所谓："后人发，先人至，以迂为直。"应独立思考，三思而后行。三年不飞，一飞冲天，实现跨越式发展。

"唯大英雄能本色，是真才子自风流"，中国人创造世界上最早的警察，中国警察一定会在世界警务革命的大舞台上，承担起辉煌的角色！

附二：

# 新警察专业化论

## On new professionalism in USA

当我们回顾四次警务革命，可以发现这么一个规律，从第二次警务革命、第三次警务革命到第四次警务革命，时间的跨度大约是四十年。真的存在警务革命的四十年定律吗？2011 年 3 月，美国人魁斯特佛·斯顿 Christopher stone 提出了“警务改革新专业化”（Toward New Professionalism in Policing）。所谓“新专业化”，是针对 20 世纪 20 年代的旧美国警察专业化运动而言的。其主要观点为“警务改革新专业化”有四个要素：承担责任性 accountability，有效执法性 legitimacy，改革创新性 innovation，与改革整体性 coherence。当中国警察听到新警察专业化运动的时候将信将疑，不能够确定这个炸雷一样的字眼究竟是美国本土的小波澜，还是有朝一日可以跨越太平洋，掀起整个世界风浪的一场大台风。新警察专业化运动是在大海上寻找的那盏灯塔，或者是那块渴望已久的新大陆，还是一只色彩艳丽的肥皂泡沫？

——新警察专业化论

2011 年 3 月，美国人魁斯特佛 · 斯顿 Christopher stone 提出了“警务改革新专业化”（Toward New Professionalism in Policing）。所谓“新专业化”，是针对 20 世纪 20 年代的旧美国警察专业化运动而言的。其主要观点为“警务改革新专业化”。

有四个要素：承担责任性 accountability，有效执法性 legitimacy，改革创新性 innovation，与改革整体性 coherence。

警务改革新专业化公式：承担责任性 + 有效执法性 + 改革创新性 + 与改革整体性。

## 一、发现了那份神秘的红色文件

美国总统肯尼迪 1961 年就职演说：“不要问祖国为你做了什么，要问你为祖国做了什么？”（And so, my fellow Americans: ask not what your country can do for you, ask what you can do for your country.）改革开放以来，公安机关派出到欧美访问的团组不在少数，但是真正有警察、学者，或者教授参加的团组其人数并不是很多。每次出访，警察学者们都带着强烈的欲望，那就是捕捉世界警务改革大趋势的脉络，特别是自社区警务改革以来，50 年过去了，新的警务改革是什么呢？在世界上有没有第五次警务革命呢？关于这个问题，不亲身到美国和英国去访问，不亲身和英美的警察学者交流，是无法获得准确信息的。

2012年6月，公安大学派出了新的警察访问团组，他们在美国访问了一个又一个警察单位，他们能不能够捕捉到第五次警务改革的信息呢？

**联邦调查局培训学院**

美国联邦调查局培训学院（FBI Training Academy）座落在一个一望无际的原始森林里，当中国警察代表团进入这个原始森林里的时候，他们首先被要求交出手机和照相机。因为FBI的训练基地从来没有人能把手机和照相机带进去。在这一流的现代化的警察教育设施和建筑中，代表团们所获得的信息都是警察的在职培训。

联邦调查局培训学院已形成FBI新警培训、情报培训和国家警察学院培训为主体的三大培训项目。其中FBI新警培训，一向以其高强度的训练和高淘汰率著称；收集情报培训是继“9·11”之后，为配合联邦调查局情报主导警务的战略需要，迅速发展起来的核心培训项目；国家警察学院培训是专门为美国联邦各地警察部门主要领导官员，乃至世界各地执法界领导者设置的培训课程，其目的是提高各国警察执法部门的管理水平、执法水平、理论知识水平和合作水平。学院还提供一系列的专项培训，包括驾驶技能培训、射击培训、生存技能培训、领导力发展培训、青年领导培训和国际培训等多种类型的培训项目。

**访问又要空手而归吗？**

尽管美国人有一流的警察培训设施，但是代表团还是有一点点失落，他们为什么就不谈谈警察哲学或者是警务改革呢？是不是美国人真的抢夺到只能展示一下他们的警务装备呢？难道这次访问又要空手而归吗？

**神秘的红色文件**

事情真的起了变化，在纽约城市大学司法学院，当白头发的所长和代表团们坐下来认真交谈的时候，一位中国警察教授试探着提出了这样一个问题，就是美国人关于第五次警务革命有什么看法？白头发所长从眼镜片的后面深深地望了一下这位教授，他说你提了一个很好的问题，一会儿我会给你一份新出版的论文，美国人确实提出了新警务革命，这就是新警察专业化运动。那位中国教授真的心里一喜，难道我们真的找到了我们所需要的宝藏吗？

不久，白头发所长真的拿了那份红色的文件《论新警察专业化运动》，仅仅过了1天，公安大学的代表团，又在美国国家司法研究所再次发现了这份红头文件，这是一份印刷精美的文件，放在为每个代表团成员准备的书包中。一次又一次发现了这份神秘的红色文件，使得公安大学的专家、教授们感觉吃了一颗定心丸，我们真的找到了我们所需要的那份宝藏。

## 二、美国警察的八大抱怨

美国真的是世界上唯一的超级大国，他有用不完的自然资源，这些自然资源包括一望无边的原始森林，巨大的能源储备和用之不竭的淡水储备。当你置身于这个最现代化国度的时候，你可能会发出感叹，感叹你眼前所见到的一切现代化的奇迹，但是你同时又可以深深地感觉到美国整个国力的衰退，经济不可回避的危机，居然在飞机上要一包薯片也要付钱，从来没有免费午餐，而且不能交现金，只能刷卡，甚至托运一件行李都要付托运费，中国警察真的感觉到美国这个唯一超级大国的衰落，就像英国那个日不落帝国一样，已经开始了衰老和败退的迹象。当代表团们坐在纽约摩天大楼之中，坐在司法部国家司法研究所会议中心的时候，他们所听到美国人最感兴趣的问题居然是美国警察所面临挑战的八大抱怨。

近年来，美国、加拿大警察机构面临着重大的挑战，在警务改革中举步维艰，困难重重。

### 一是警力短缺

美国现有正规警察 80 余万人，但是由于美国实行的是以地区自治为主的警察管理体制，因此，大多数警察的正规化程度不够，训练不足。警力短缺成为美国警察在打击犯罪活动时的软肋之一。

警力的概念分为两种：狭义的警力就是警察的编制

数，广义的警力是指警察的战斗力。事实上美国警察的警力在世界范围来说还是比较高的，比例达到了万分之三十以上。但是，美国仍觉得警力短缺，原因是：由于美国警察体制是以地方管理为主，不能够使用统一的警察管理，存在着一定程度上的各自为政，警力难以整合，内耗严重。再加上美国警察的四级管理体制（美国警察机关分别隶属于联邦、州、县、市政四级管理地方）不能形成合力。由于历史上的警力高比值，使得美国警察认为目前警力的仍然偏低。按照警察科学的理论，警力和公众的比例有一个饱和指数，也就是说到了360名公众比1名警察的时候，警力上升的空间就没有了，或者很少。总之，美国的警力偏低，是由于美国的警察体制先天的不足所造成的。与美国相比，我国的警力虽然有200万之多，但是警察和民众的比例低于万分之十三，也就是说，1名中国警察要干3名美国警察的工作量。

**二是资金减少**

这些年来，随着美国经济的停滞，和经济危机不断出现的情况下，美国警察能够掌握的预算越来越紧。首先，美国的警察预算，在世界上来说是比较高的，其中一大部分是用于警察的工资。美国警察年平均工资在60万到100万人民币之间，政府的财政负担是比较高的。其次，美国警用装备是数一数二的，从先进的排爆机器人，到海岸巡逻舰艇、空中直升飞机。养护这样一支高科技的队伍，所花的资金一定是非常庞大的。由于经费的短缺和犯罪率的不断上升，美国警察越来越重视犯罪预算的成本意识。这类似于国内公安教育中的治安效益问题，也就是研究警察投入和产出的比值问题。

在西方有一个专门的警察学概念，叫作“衡工量值”（Value For Money）。警察办案更多的受到警务预算的限制，可喜的是提高了警察办案的预算性；可悲的是日益短缺的投入使得警察在办案中束缚了手脚，由于经费的紧张而影响破案率。

关于警察预算，在西方也是很有争议的话题，有人认为，警察就必须要靠高额的资金来养护，警务改革的核心基础之一就是增加预算。同时也有人反对，以无增长改善论为代表，认为大幅度的增长警力，增长警用开支，对社会是无意的甚至是危险的。警察现代化并不是警察的高投入为标志。与美国比较，我国的警察预算不高。但是这些年，有了巨大的增长。我们在警务的投入和支出上有清醒的认识。

**三是犯罪率不断上升**

美国已经成为世界上犯罪最猖獗的地方之一，每年犯罪率在万分之一千以上，恶性案件时有发生，人民群众的抱怨逐渐增强。美国的犯罪率有一个很大的特色，就是居高不下，而且每年的起伏不大，形成了在一段时间内连续的“犯罪高台现象”。同时，由于美国是一个拥枪的国家，在不足3亿人口的情况下，居然有2亿支枪。枪支泛滥，造成了很多恶性杀人案件，所以美国的刑事案件恶性特点突出。同时，公众安全感下降，使得美国不少城市的特殊地区，有犯罪地狱的称号。

与美国相比较，我国的犯罪特点是起伏大，新中国成立以来有四次高峰之说，第一次高峰是1950年以镇压反革命为主题词；第二次犯罪高峰产生于1961年，主要振荡源是天灾与人祸；第三次犯罪高峰产生于“文革”10年期间，10年居高不下，被叫作“犯罪十年高台”；第四次犯罪高峰产生于改革开放之后，多种震荡原形成共振。这些年犯罪虽有所下降，但是整体回落的趋势并不明显。因此，犯罪上升可以说是各国警察所面临的共同问题之一。

**四是警民关系恶化**

少数民族族裔日益感到安全感匮乏，加之美国人权状况不断恶化，使得本来就不是很融洽的警民关系变得日益尖锐对立起来。关于警察的评价标准，一般有两个，一个叫客观标准，以发案率、破案率、犯罪趋势为主要内容，第二个是主观标准，以公众安全感、警察的满意度、以及警察工作的重点为主要内容。在美国警务工作评价中，主观指标的分值不断下降，而客观指标也不断恶化，与主客观指标的恶化叠加到一起，使得美国警察十分被动。

世界警务改革的大趋势是主客观指标相结合，更重视主观指标。从理论上讲，美国警察还是十分注重警民关系的，美国警察学基本理论中的核心词，一个是责任心，第二个是执法的合法性，这都与警民关系密不可分。无论是第四次警务革命的核心词——社区警务，还是第五次警务革命的核心词——新警察职业化，其警察学的核心理念都是“警权民授”。产生犯罪的根源在社会，抑制犯罪的主力军是人民群众。

美国警察机关也好，警察学校也好，都力图改善警民关系，舒缓警民对立情绪。倒如，旧金山是一个族裔多元化的城市，华人在旧金山市的总人口中占有20% - 30%，黑人也约占有同样的比例。因此，在警民关系建设中，旧金山警方非常重视和少数族裔社区的关系。如旧金山警察总局建立了亚裔警官协会。协会为旧金山亚裔社会警民关系的良好发展做出了巨大贡献。又如美国联邦调查局（FBI）的培训学校设有对外开放的警察礼品小卖部。以这种方式吸引中小学生参与警务活动，进而改善警民关系。

与美国相比较，中国的警务改革中，充分重视警民关系，并把全心全意为人民服务视作警察的根本宗旨。综上所述，改善警民关系是中国、美国警务改革共同面临的问题。相比之下，美国警察感到压力更大，这主要是由于他们的社会制度的先天缺陷所造成的。应当承认，美国警察已经充分认识到警民关系的重要性，并从理论和实践两个方面将改善警民关系纳入到警务改革的核心。

**五是警察教育资源的匮乏**

由于美国没有像我国这样的警察学历教育，警察培训多是短训形式，这就使得警察受教育的程度与知识的更新越来越受到阻碍。接受高等教育者在美国警察中的比例相比世界平均水平并不高。广大基层警察不断抱怨训练质量的下降。美国没有独立的警察大学，一些警学课程被放到了普通大学中，有些警察学课程与普通大学的学分制接轨。由于缺乏统一的警察分配制度，美国不可能建立像我国这样的独立的警察大学。他们警察所受教育知识宽泛，但警察的专业化、职业化教育受到影响，警察意识的教育培养也难。

世界上，关于警察教育模式有很多分类：第一类是英国美国模式，没有独立的警察院校，没有警察内部的学历教育，注重实战技能的培训，而忽视理论法律知识的教育和警察道德规范的养成教育；第二类，欧洲大陆模式，以法国德国为主，教育经费统一，体现军事化教育的特色，也缺乏独立的警察高等教育；第三类，东方模式，以日本、韩国为例，重视警察教育的理论培训和实战教育培训；第四类，发展中国家警察教育模式，包括许多亚非发展中国家，有很多出色的警察内部的学历教育，警察内部学历教育比例超过百分之五十以上。但是他们又受到宗主国警察教育体制的影响；第五类，阿拉伯警察教育体制模式，注重学历教育，授予从学士、硕士、博士的警察学位；第六类，中国警察教育模式，这种模式是有中央和地方两级政府分级管理，并在世界上开创性的把公安学作为一级学科，有完整系统的警察学历教育机构和体系，可授予学士、硕士、博士学位，同时，十分注重警察技能和实战的训练，形成了学历教育和在职培训相结合的警察教育培训模式。

美国和英国的警察教育制度，有利也有弊。其利是注重警察实战技能的培训，注重上岗前培训在职训练。其弊是缺乏内部的学历教育，缺乏警察科学和法律知识的教育。因此，世界上警务改革的趋势之一，是这六种警察教育培训模式的互相借鉴、互相学习、减少差异性、寻找趋同性的过程。

我国警察科学的建设在世界上独具特色。我国的警察科学建设有以下几个特点：一是公安学和公安技术被列为国家一级学科，这在世界上是独一无二的。二是我们有着博士、硕士、学士的完整警察教育体系。三是在警察科学建设方面，无论是在系统性还是全面性方面都有着巨大优势：研究全面，规划有序，具有前瞻性。我国警察高校实行的以学历教育与在职培训相结合的方式，有着独特的优势。这一点得到美国和加拿大教育同行的一致称赞和羡慕。许多美国警察专家认为我们国家警察学历教育的特点鲜明，优势突出，他们很想学习。应对我国警察教育培训制度进行很好的总结、分析，找出优势，改进不足，坚持特色，大力宣传。在世界警务改革中，久而久之，或许会主导世界警察教育的大趋势。

**六是美国警察管理体制自身带来的危机**

美国警察体制是最典型的地区自治体制，有近两万个独立的执法机构，同时美国各州的法律千差万别，导致美国警察缺乏统一训练、统一经费和统一录用的标准。个别地区的警务改革并不能在全国推广，各警察局在工作中单打独斗，在案件侦破、执法办案方面协调配合困难，影响效率质量等。世界警察体制，粗略地分为大陆派和海洋派。大陆派，以中央集权领导为特色，以法国和德国为代表；海洋派以地区自治和平民化为特色，以英国和美国为代表。我们要充分认识到英美警察体制的弊端。美国有近两万个执法机构，是地区自治最典型的代表。这种早期的被美国人引以为豪的警察体制，其弊病越来越彰显出来。试比较英国，英国警察只分为 43 个郡，每个郡的警察局长被叫做军阀，独立行使执法权。现在，警察领导集权化的呼声很高，合并运动正在兴起。因此，美国警察管理体制不改革是不行的，体制改革的紧迫性越来越迫切。

美国有近两万个独立的执法机构，其中不满 25 人的占 80%，美国警察机构的特色是以地方自治为主，以块块领导为主。由于缺乏统一管理，造成各地分散混乱，杂乱无章。因此，美国产生了警察系统以外民间非政府性质的“警察机构标准”评估机构，对各执法机构的标准化、规范化做出评估。在美国，执法机构要想达标，都积极申请通过这类评估的机构的认证，取得相应资质，赢得社会的承认。

我国公安机关的领导体制：党委领导分级负责，条块结合、以块为主，这个在世界上说是一种理想的警察体制。

**七是警务改革缺乏动力**

原有的社区警务模式在基层警察看来高深莫测，理论空谈，实践起来有很大的困难。对新的警务改革，如新警察专业化运动，又缺乏改革的原始动力和“全国一盘棋”的标准化规划设计与建设。

社区警务革命，最早就是产生于美国，时间可以追溯到 20 世纪 80 年代，它是对警察现代化的重新反思与发展。为世界警务改革带来了一股春风。30 年过去了，社区警务的一些不足也逐渐的暴露出来。首先，社区警务更像哲学即警察哲学，理念十分先进，但基层操作起来，没有依据，缺乏依据。其次，如果用统计学来看，社区警务在抑制犯罪上的作用，不像我们想象中的显著。最后，社区警务强调了警察的服务意识，使警察角色从战士转换成公仆或社会工作者。这无疑是警察角色的巨大进步。但是这种趋势，又削弱了警察专业化，削弱了警察必备的执法技能和学历要求。警察的知识面虽然宽了，但是不精。所以，大家都期待着一次新的警务革命。而新的警务革命是什么，又是众说纷纭，神秘莫测。

缺乏独立的警学研究体系，也拖累了美国的警务改革。对于警务重大热点难点问题，美国警察通常通过调动社会力量，投标选择科研机构，来研究解决。由于美国警察没有专门的警察学研究机构，所以像纽约城市大学等普通高校中的司法研究所就承担起了警察热点难点问题的科学研究工作。很多警务改革的重大项目，都是由普通高校来研究解决的。

改革开放以来，我国批判性地借鉴了欧美警务改革的经验与教训，自 90 年代起，在很多城市，开展了社区警务的创新实验，由于在理论和历史传统上，我们有许多和社区警务相似的传统，所以社区警务这一理念能够在中国迅速的扎根、生长、开花。从理论上来讲，综合治理、标本兼治、群防群治、群众路线这些理论，都和社区警务有相似之处。从实践上来说，服务民众是我国公安工作的优良传统。所以，警察角色回归到公仆和社会工作者这种转变使得基层民警也可以逐步地接受。

社区警务在中国搞了几十年，在我们国家警务改革中也有缺乏后劲和动力的感觉。警察也认识到，社区警务作为一种警察哲学，也很难在人财物的基础上给警察以实惠的帮助。因此社区警务在中国也面临着知识更新的问题。广大基层民警也在期盼着警务改革带来新的动力。比如说创意警务、警务广场等一些新的警务改革模式，从基层涌现出来，并得到警界的认识。

**八是反恐导向警务给美国警务改革带来新的冲击和挑战**

“9. 11”事件拉开了美国的反恐序幕。反恐成了美国的国策之一，在这种前提下，第四次警务革命即社区警务革命的许多理念，都被反恐导向警务所践踏。如警察服务意识的淡薄，警察返回到了“斗士”的形象，“最小动用武力原则”也形同虚设。美国警察在反恐过程中，强调使用致命武力，扩大警察权力，这些举措都削弱了尊重人权的警务改革潮流。这一趋势不仅影响到了美国，也对世界警务改革产生了不良影响。

世界警务改革趋势，历经了四次警务革命。特别是最后一次警务革命—社区警务革命，在警务改革的理论和实践上，都得到了根本性的梳理，并形成了良性的发展态势，具体有以下几个方面：一是在警力上，既重视警察数量的提高，更重视无增长改善，向素质要警力；二是在装备上，既重视大力发展警务高科技又重视以人为本，量力而行，警用科技和本国发展水平相同步。三是在评价标准上，既重视传统的发案率和破案率，更重视人民群众的满意程度、警民关系等主观指标。四是在警察角色上，形成了从战士到公仆的角色转变。五是在使用武器上，重视最少动用武力原则，广泛采用橡皮子弹、网枪等非杀伤性武器。这种良性的发展趋势被反恐导向警务所根本扭转，带来了很多负面的效应。

我们在过去的外警研究中，重视外警的经验和成就研究多，重视外警的经验教训研究少；强调向外警学习先进经验的呼声高，强调避免外警所走弯路的认识少。对几次重大的警务改革，其产生的背景、历史渊源、国情建设等，基础性研究还略显不足。因此，分析美国警务改革所面临的困难和挑战，从以上 8 个方面认真地思考，冷静的分析，收获应该是多方面的。

首先，认识到美国的警务改革不是一种十分完美的模式，也存在诸多的困难的挑战。在比较中，我们可以发现自己的优势和长处，树立我们坚持中国特色警务的改革的道路和决心。其次，对世界警务改革大趋势的疏理与总结，使我们认识到，新的警务革命决不可能是一种警务改革，一次技术革命，或重大的警务改革事件的发生。往古来今，单一的技术革命，或单一的警务改革，都不能担当新的世界性的警务改革这一重任。最后，新的世界性的警务改革一定是全面的综合的警务改革，一定是在警察学理论指导下的警务改革。它也许并不轰轰烈烈，夺人眼球，而是一场全面细致，润物无声的警务改革，与全方位的调整。而新警察专业化运动，极有可能承担起这一重任。我国的警务改革，始终坚持了在理论指导下的警务实践的改革，重视改革的历史延续性和对未来的创新性，重视个别典型的引领作用和在全国的普遍推广，避免了急躁、偏见和一拥而上的跟风。当我们面临新的第五次警务改革的曙光的时候，还应该以稳健扎实的平常心来对待新的警务改革。

### 三、剖析新警察专业化运动

#### 新旧警察专业化之比较

什么是新警察专业化？美国人认为，警务改革的核心就是警察专业化，早在20世纪20年代，也就是90年前，美国人就开始了第一次警察专业化运动，那是在开发西部的时候，在荒蛮遥远的沙漠和小城镇中，警察面对牛仔单枪匹马的情况，那时候选警察很简单，如果张家二小子打枪打的很好，给他一个六角形的铜牌挂在胸前，那么他就可以当警察了。90 年后，西部牛仔变成了顶盔带甲武装到牙齿的机器人。在社区警务运动风风火火贯彻了 50 年后，美国人又重新提出了新的警察专业化运动。新警察专业化运动和旧的警察专业化运动，两者的时间相隔了 90 年，警察的素质从牛仔变成了机器人，旧警察专业化运动，使警察刚刚脱离了婴儿和幼儿时期的跑步进入中年的一次改革，稚气未脱，雄心勃勃，就像一个青年人，在刚刚长出肌肉和胡须的时候，对表现舞台的渴望和追求，而 90 年后，新警察专业化运动，这使美国警察已经变成了一个两鬓微有白发的中年人，他已经变得略微有一些心平气和，遇事不慌，沉着冷静的机器人。他是在社区警务运动之后，对社区警务利弊反思的基础上，对警察专业化的最新的理解。

**警察专业是知识还是技能?**

关于警察专业的本质历来有一个大的辩论，那就是警察的本质到底是知识还是技能？

如果警察的本质是知识的话，那么警察就必须要接受大学的培训和研究生的教育。警察就应该像医生和物理学家那样，终身进行实验和临床的不断提高。警察的学习就应该是终身教育为主的学习模式。

如果警察的本质是技能的话，那就没有必要上什么大学和研究生。警察就像一个修表的匠人或者是配锁的工匠一样，通过师傅带徒弟的学习制度和不断的技能的摸索，警察就可以胜任工作。警察教育培训的核心，不是知识而是技能。知识是要在课堂里系统学习的，而技能是要在课堂之外不断演练的。传统意义上的技能像骑自行车、游泳、射击。所有的这些技能是不需要过多讲解的，而只要充分的实验，充分的练习，熟能生巧，就可以掌握的。不幸的是，美国人在这场大辩论中，最后的获胜方是技能派。所以美国人把警察专业化运动主要定位在技能的专业化上。从这一理论和逻辑的起点出发，美国人把美国的教育培训体制，基本定位不需要本科和研究生教育，而只要通过师傅带徒弟匠人式的培训模式和不断的熟能生巧的锻炼，就可以培养出一个完整的警察。

美国人的这种观点，也深深影响了加拿大、澳大利亚，以至于成为很多和美国关系较好的国家的警察培训哲学，并且在几十个国家内都产生了一种重视技能培训，而忽视警察哲学教育的教育模式。其实这种模式是不完整的，甚至说是一种警察教育培训的误区。

**三级警察教育培训金字塔**

三级警察教育培训金字塔模式，我们把警察教育培训的内容分为三级。从下而上形成了一种金字塔式的模式。

三级警察教育培训金字塔公式：第一级警察哲学＋第

二级警务论+第三级警务基本技能

最上一级，第一级叫作警察哲学。警察哲学是对警察基本理论的高度概括和总结，警察哲学的授课对象应该是警察机关的指挥者和警察局长。这些人在警察队伍中的比例仅占很小的一部分。第二级叫作警务论，是指警察学理论的各个具体分支。授课对象应该是警察局里处长这一级的中层干部，他们的人数占了一定的比例，他们是一群承上启下的队伍。第三级叫作警务基本技能。这是金字塔的最底端，人数众多，培训的对象主要是基层的警员，他们占警察队伍的绝大多数。三级警察教育培训金字塔模式，给我们揭示了这样一个规律，这就是警察教育的内容是不同的，授课对象不同，他们应该是按培训对象的不同而提出的一个套餐式的训练模式，是一个金字塔型的三级理论模式。

**新警察专业化有四个要素**

新警察专业化论，有四个要素组成：第一，承担责任性；第二，有效执法性；第三，改革创新性；第四，改革整体性。新警察专业化运动由这四个要素组成一个完整的有机体，互为支持，缺一不可。

## 四、承担责任性：铁肩担道义

承担责任性的英文概念是承担责任的程度、会计责任，以及问责性。承担责任性是新警察专业化运动四个要素之首，也是这场新警务改革的灵魂和头脑之所在，它强调警察队伍面对社会日益复杂的状况和层出不穷的问题和挑战，要勇于承担责任，不能后退半步，不可推卸责任。披荆斩棘，勇往直前。

**推卸了警察对社会的责任**

社区警务理论有一个核心理论，就是推卸了警察对社会的责任，社区警务的核心理论是产生犯罪的根源在社会，抑制犯罪的主力军是人民群众，在这场与犯罪斗争的战役中，警察不是主力军，而是一支重要的方面军，而人民群众才是主力军。这就从哲学上，推卸了警察对社会的责任，推卸了警察对犯罪上升的责任。

**犯罪守恒论**

社区警务的另一个核心是犯罪守恒论，它认为一定的社会、政治、经济产生一定的犯罪，这种犯罪的总能量是由社会的大背景所决定的，因此任何一个犯罪高峰的到来，任何一次犯罪高峰的下降，都和警察没有直接的关系。

**犯罪转移论**

社区警务理论还认为，过分的、局部的打击，会导致犯罪从甲地转移到乙地，从犯罪高发区域转移到犯罪低发区域，这就是所谓的犯罪转移论。这一理论又推卸了警察对犯罪上升的责任。

社区警务的若干理论从哲学上巧妙的把警察责任从社会责任中分离出来，使得警察可以逍遥的站在第三者的立场上来观察社会和犯罪的角力与斗争，从而悠闲自在，置身局外。

**“三 C”理论**

新警察专业化运动对传统的这种警察旁观者的地位提出了批评，他强调警察必须要对犯罪的上升负责，要对社会的管理混乱负责，要对警察经费的短缺负责，这就是所谓的“三 C”理论。

**问责制**

美国人魁斯特佛·斯顿 Christopher stone 例举了美国警察的问责制。他写道：“问责制的成本几乎是一个新问题，但是在州、地方政府削减预算之际，警务成本要受到全美国的严格审查。尽管有些警察机关会采用一些更老练的成本削减策略：1. 减少文职雇员的数量，2. 减慢警察新员补录速度，3. 限制警察加班的机会，4. 取消一些特殊计划。”

**洛杉矶警察壮士断臂**

魁斯特佛·斯顿 Christopher stone 例举了一个壮士断臂的案例。在洛杉矶，查理斯贝克警局的局长为了节约预算，消减了一个市级的警察局，这个警察局拥有 130 名警察，在预算削减期间，警察局快速反应的特警队被砍掉了，但充许在当地警区保留巡警。局长下了赌注，不知会不会引起犯罪反弹？

承担责任性使得警察，重新担起了一副沉重的担子，这个担子的一头是社会责任，一头是犯罪上升。这副担子警察曾经卸下来有 40－50 年之久，但是谁来挑这副担子呢？政治家显然不愿意挑这副担子，社会学家也望而却步，那么整个社会需要有一个人来挑起这副担子，于是这副担子又重新落到了警察那早已十分疲惫的肩头。在错综复杂的社会问题面前，在日益上升的犯罪局势面前，警察终于挺直了腰杆大喊一声，“我来了，让我负责吧！”

### 五、合理执法性：激情的冲动和刹车的敏感

合理执法性是欧美警察科学里另一个十分重要的关健词。它的内涵包括：A. 合法性；B. 执法的合理性；C. 执法的正统性。

魁斯特佛·斯顿 Christopher stone 写道：每一个公共部门都呼吁合法性，警察也不例外。20 世纪打击犯罪的专业化活动中，凯琳教授和摩尔教授指出，警务工作的合法是指依法办案和警察专业化。20 世纪初的美国警察为了能从政治操控的腐败中得以解放，坚定地向非警务活动说不！

简而言之，有效执法性是警察学的逻辑起点，它可以分成两句话，一句话是警察的权利从何而来，第二句话是怎样行使你所获得的执法权。有效执法性是建立在理论的象牙塔之上的。

第一个理论基础叫警权民授，警察的权利从形式上也可能来自于女王，也可能来自于国会，但是追本溯源，其根本都源于人民。因此人民群众的满意就是警察行使权利的基础。

第二个理论，善意限制。在和平年代，强大的警察并不一定是民主社会的福音，社会需要对警察强大权力予以善意的限制，就好像一个车开得很快，就一定要有完整的刹车机制。激情的冲动和刹车的敏感，构成警察这辆高速巡逻车在高速公路上需要有节制的行驶。

第三个理论，最小动用武力论。由于警察的权利源于人民，因此警察的权利必须善意的限制，任何致命武力的使用，都可能导致人民群众的不满意和整个社会的混乱，因此最小动用武力原则是警察若干个金科玉律中的重要理论。

第四个理论，满意决定警务论。在复杂的警务改革面前，在日益涌现的困难和挑战面前，警察站在十字路口上何去何从呢？有没有一个北斗星为他们指明前进的方向呢？有没有一个灯塔为他们照耀着进赶的方向呢？答案是有的，这就是满意决定警务论。人民群众的满意，社区的满意，决定着警务改革的方向，这实际上是警权民授理论在实际警务操作中的延伸和应用。

**六、改革创新性**

改革的英文含义：A. 改革创新；B. 新生事物。“问渠哪得清如许，唯有源头活水来”警务改革如果缺乏了动力，警务改革就会终止，因此改革创新性，是警务改革的发动机，引擎越大警务改革的速度才能越快。

**改革三种模式**

改革有三种模式。第一种是自上而下的改革，也就是由警察的领导者或者警务学家进行的顶层设计，自上而下的进行贯彻。比如说传统的四次警务改革，都是这种改革的模式。第二种是中层学者进行的科学设计，这种科学设计基本上都是一些警务改良的模式，也就是局部的、细小的、技术的改革创新。第三种是下层警员的实验和呼唤，由于下层警员的地位决定了这种改革只能是局部的，一些好人好事的总结或者是局部的创新。

综上所述，新的警务改革萌芽于下层的呼唤，汇集于中层的设计，而最后的排版和决断者，还是来自警察局领导和警务学家的顶层设计。因此四次警务改革之后的新的警务革命，也应该是自上而下的一种设计，居高临下，势如破竹。

**三次巨大的刺激唤醒了美国人整体的良知和国家的凝聚力**

美国人是一个记仇的民族，他受的刺激越大，他的能量聚集就越强。综观美国的历史，有三次巨大的刺激唤醒了美国人整体的良知和国家的凝聚力。

第一次大刺激是第二次世界大战日本人偷袭珍珠港，在偷袭珍珠港之前，美国人对日本人采取的是一种绥靖政策，你不惹我我不理你，袖手旁观，净得好处。但是美国人做梦也没想到日本人狼子野心是问鼎整个太平洋。偷袭珍珠港事件，把美国人从噩梦中炸醒，因此美国人举国上下齐心协力，对日宣战，广岛和长崎两颗原子弹的爆炸，最终宣告了第二次世界大战的结束。

第二次大刺激是1958年苏联的卫星上天，在此之前，美国人一直处在一种优越的地位中，认为苏联的技术不过是雕虫小技，他们永远追不上美国的科学技术前进的步伐，然而加加林乘坐的卫星绕地球一圈然后重返大气层，使得美国人惊醒，原来我们的对手已经超越了我们很久很久。由此，美国人通过了《国防教育法案》，举全国之人力、财力、物力，大兴教育，大办科技，终于以阿波罗登月的胜利，给了苏联人以致命的反击。

第三次大刺激是“9·11”事件。恐怖分子的飞机撞击了纽约的世贸双子大楼，造成3500人以上的死亡，这是自珍珠港事件以后，美国本土遭受的第二次打击，这一打击严重震撼了美国人脆弱的心灵。因此，美国人把反恐定为过错，进行了围绕反恐进行了警务改革，我们叫“七剑下天山”。

**洛克比空难**

任何一次新的刺激都会带来一次举国上下的变革和改革的冲动，仅以反恐导向警务为例，每一次恐怖主义的袭击，都会导致警务改革在战术层次上的对应。比如洛克比空难，数百名美国人在圣诞节回家的路上恐怖主义炸弹的袭击，飞机在洛克比上空四分五裂，震惊了美国。那么美国人要采取什么措施，来对应洛克比空难式的恐怖主义袭击呢？

**伦敦爆炸案**

挑战不仅来自美国，让我们把目光再聚焦到英国，2005 年的“七七爆炸案”，伦敦地铁和若干城市中心等重要地标同时遭到恐怖主义的袭击，使得军情五处和军情六处这些以平民化和最小动用武力为原则洗脑的警察考虑这个原则的对错与利弊。1 年以后，伦敦“721”爆炸案就没有再死人，我们看到伦敦市民在遭受爆炸的瞬间扶老携幼，互相包扎，按照演习指定的步骤撤离地铁，转移到地面。这种训练有素和预案先行的策略，使我们仿佛回到了若干年以前泰坦尼克号沉船的那个年代，看到了英国绅士面对危机和挑战所表现出来的充满人性的光辉一面。当我们欢呼“721”事件没有死人之际，“810”案又悄然降临了伦敦的机场，在从英国飞往美国的十驾航班上恐怖主义分子全部装上了液体炸弹，这些炸弹巧妙的藏在行李，或者是随身由婴儿的妈妈装在奶瓶里携带上飞机。恐怖主义分子期待着如果这十驾飞机飞到大西洋的上空同时爆炸，就能造成3500人以上的死亡，这种恐怖主义的打击效果完全可以超越“9·11”对美国的打击。就在恐怖主义精心策划的同时，军情五处和军情六处的警员们并没有高枕无忧，一份绝密的材料，一份惊心动魄的情报由巴基斯坦的情报部门转交给了军情五处，这是一份五十多人的巴基斯坦裔英国人的名单，紧接着英国人把这12名巴基斯坦裔英国人全部抓获，一网打尽，成功地阻止了这场恐怖主义的袭击，这个伟大的事件被叫作惊魂12小时。这惊魂12小时被誉作人类反恐最伟大的胜利。

当我们回顾这一次次的挑战、惊险、袭击、爆炸的时候，我们可以看到，警务改革在战术层面上的一次一次的反思、改进和发展，因此改革的创新性是对警务工作所面临挑战的一次一次的被动的反应。由这种被动的反应带动了警务改革整体的前进。就好像孩子生下来要注射卡介苗一样，当我们人的肌体每一次遇到病毒挑战的时候，都会重新激发免疫力，凝聚全身的防御机制来应对病毒的侵入。这就是我们所说的警务改革的创新性。

## 七、警务改革的连续性

连续性的词义：A. 统一连贯；B. 天衣无缝。警务改革的整体性，包括横向和纵向两个方面。当我们谈论宇宙的时候，实际上是在谈论二维空间，“四方之向未知宇，往古来今未知宙。”当我们对警务改革进行反思和总结的时候，一个是反思它时间的连续性，也就是从第一次警务革命到第四次警务革命，乃至第五次警务革命，两百年的历史进程。第二个脉络是指横向的地域，比如美国的整个国家，比如欧美的跨州的社区。离开这两维的任何一维，来谈论警务改革都是片面的。

### 历史的回顾

四次警务革命的回顾，首先是历史的回顾，四次警务革命，像是一条大河上掀起的四次大的波澜，有波峰也有波谷，有起也有落。正所谓“海水潮，朝朝潮，潮起潮落。浮云长，长长涨，长涨长消。”每一次新的警务改革，都是对上一次警务改革的反思、总结和发展。任何一次新的警务改革，都不是石头缝里跳出来的孙悟空，都不可能没有娘胎里带来的历史痕迹。

### 地域性

警务改革的第二条脉络是地域性。英国的改革，不仅限于英国，以社区警务为例，它影响了英国的三四十个殖民地国家，这些国家漫布于亚洲、非洲等发展中国家，以至于它的触角伸到了遥远的东方，对中国的警务改革也产生了巨大的推动力。而另一方面，美国人却在为警务改革的统一性和连续性发愁，因为美国它是一个高度地区自治的国家，它的两万多个执法机关互不隶属，杂乱无章。在美国任何一个好的警务改革，要想在全国推广，都是困难重重的。

放眼世界，前四次警务革命，虽然发展于某一国家或者某一历史阶段，但是它的影响力都是超越时空的。从时间上来说，它可以延续几十年。从空间上来说，它可以散布世界上五大州四大洋，因此在现代社会，任何一次世界性的警务改革，都必然是全球性的，而不是局部性的，就好像经济危机是全球性的，俄而吉诺现象是全球性的。地球村这个概念越来越深入贯彻到任何一个科学理论中。

**八、真的有第五次警务革命吗?**

当中国警察听到新警务革命的核心词，新警察专业化运动的时候，实际上将信将疑，他们不能够确定这个炸雷一样的字眼究竟是美国本土的一个小波澜，还是可以跨越太平洋，掀起整个世界风浪的一场大台风。但是仔细想一想，新警察专业化运动是我们在大海上寻找的那盏灯塔，或者是那块我们渴望已久的新大陆吗？

1. **四十年定律**

当我们回顾四次警务革命，冷静分析每一次警务革命跨度的时候，可以发现这么一个规律，就是第一次警务革命到第二次警务革命，中间的时间跨度是将近 100 年，而从第二次警务革命到第三次警务革命，中间的时间跨度是 40 年，而从第三次警务革命到第四次警务革命，时间的跨度也大约是 40 年。于是我们眼前一亮，难道真的存在一个警务革命的 40 年定律吗？是不是应了中国那句老话 40 年河东，40 年河西呢？社区警务运动，可以说在整个人类历史上，掀起了一场轰轰烈烈的警务革命，而这场警务革命已经延续了 40 多年，从时间规律上分析，新的警务革命应该诞生了。

2. **综合定律**

当我们期待第五次警务革命到来的时候，或多或少在我们的头脑中都有一个误区，我们盼望第五次警务革命一定是一场新技术的革命，或者是一个新事件的革命，所以我们把目光过多的放在了情报导向警务论，或者是反恐导向警务论，这两个足以迷惑我们视野的事件上。但新警察专业化运动给我们敲响了警钟，也就是新的警务革命一定不是单一的事件或者是单一的理论。它一定是一个由警察哲学指导的综合警务改革理论自上而下的全面的警务改革。而新警察专业化运动，恰恰具备这一特质。新警察专业化运动是第五次警务革命中最佳的人选。

**3. 疑惑的目光**

当我们猜测第五次警务革命，就是新警察专业化运动的时候，其实我们内心的底气并不足。

首先，美国的这场警务革命，能够推广到世界上吗？或者说它的影响从时间和空间的跨度上会有那么大吗？

美国人克里斯多夫·斯通和杰里米·特拉维斯（Christopher Stone and Jeremy Travis）写道："我们通过一些国际组织可以观察到，世界上其他一些国家的警察也显示出正在为责任制、合法性、创新还有区域联合这四个方面努力的趋势，如巴西、印度和南美的一些国家还包括法国和加拿大。这说明包含这四项原则的全球警察文化反映出各国的警务领导人的共识。"美国人似乎觉得他们在世界上有一定影响。

其次，人类真的会有第五次警务革命吗？还是从此以后再也没有警务革命了，而只是由一些细小的警务改革来推动警务改革的进程呢？

最后，还有一种理论认为，也许第五次警务革命不会出现全球性的警务革命，而只是各国根据自己的具体实践而形成的小范围的、小区域的警务改变，形成诸子风起、百家争鸣的局面。当我们面对第五次警务革命的曙光照耀在我们的窗口时，我们的疑惑反而越来越多，这种谨慎的疑惑也许不是坏事。

## 九、让我们来设计第五次警务革命

新警察专业化运动毕竟是美国人的思维，无论是从哲学上，还是从警学概念上，都深深带有美国人的铭心刻骨的思维定式，对中国人而言，缺乏逻辑性和系统性。甚至有些支端末节，在我们看来荒蛮遥远，不近人情。那么我们就借来一支评判世界的大笔，挺起胸、昂起头，自己来设计第五次警务革命。我们把第五次警务革命设计为十个要素，其中前五个针对的是警察本身，也就是以人为本，而后五个要素针对的是警察机关，也就是整体的提高警察机关的效能。

**首先是警察个人的五个要素**

1. 头脑灵魂。

第五次警务革命中的未来警察，其头脑一定是以警察哲学武装的，一定是理想警察的代表，他的头脑中装满了警权民授，满意决定警务论等警察哲学的理念，他不仅仅是个战士，更是一个警察哲学的学者。他的举手投足，每一个支端末节的警务改革，都是以警察哲学来进行指导的。他像是一个身穿长衫的儒者，举手投足无不矜持，充满哲学的思辨和理念。

2. 体能技术。

新型警察一定是高度专业化，技能超群的优秀战士，擒拿、驾驶、格斗，无一不会，无一不精，他的形象就是007邦德，充满的自信，遇事不慌，办事果断。

3. 眼睛耳朵。

新型警察是以情报导向警务武装起来的警察，一方面他有高度的搜集情报信息的能力，对情报信息有完整的解读能力，另一方面他又与社区的联系起来，通晓社区警务的真谛，他可以把人民群众变成自己的眼睛和耳朵，在与人民群众打成一片的同时，在为人民群众服务的同时，获得第一手最新的详细的情报资料。

4. 警察权利。

新型警察也可能坐在巡逻车上，也可能手持最先进的枪支，也可能拥有顶盔带甲武装到牙齿的装备，但是他深知警察权力是人民所赋予的，深知善意的对警察权力的限制，不仅对是社会是福音，对他自己也有好处。因此，新型警察有强大的能力，而从不使用这些能力，最小动用武力原则是他内心的核心理念。

5. 交往能力。

新型警察在与社区的交往中，没有忘记第四次警务革命的核心理念，永远把和人民群众的关系看作无比的重要。他可能会是在街上巡逻的警察，但他给每个孩子都准备了预防犯罪的小礼物，他会教每个孩子说一些预防犯罪的歌谣和警语，他会是在雨天去抢救陷在水中汽车的天使，他也可能是为孤寡老人送去温暖的，人民最敬重的最可爱的人。

警察个人的五个要素：头脑灵魂＋体能技术＋眼睛耳朵＋警察权利＋交往能力

**其次是警察机构的五个要素**

6. 后勤装备。

新型警察固然有十分高尚的警务理念，但是他却离不开人、财、物的充分支持，他知道“兵马未动，粮草先行”这句古人的格言。一方面他以无增长改善论作为自己行动的准则，尽量不增加社会的负担。另一方面，他又知道巧妇难为无米之炊，警察的现代化一定要有人、财、物强有力的支持。

7. 警力充足。

在社区警务时代，人们的思维有了突破，那就是高速增长的警力，对社会而言未必是福音，比值过高的警察数量，对社会不仅是无益的，而且有时甚至是威胁。因此警察必须仅仅依靠社会。警察提出了警力无限、民力无穷的哲学思想。在另一方面，警察也深知当警力缺乏的时候，特别是基层警力缺乏的时候，又会束缚住警察的手脚。随着社会的进程，社会的发展，整个社会对警力的要求，也是一个不断增长的态势。尽管他有上限，有比例饱和的数值。西方人认为，300 名公众配备 1 名警察就是警力的最高限。这个被叫作比例饱和。在这个比例饱和数值之下，适当的增长警力，是社会和谐比较的一种标识。忽视警力发展，增加基层警察工作量的做法，也不是第五次警务革命的宗旨。

8. 评价标准。

社区警务运动，在强调主客观两大评价体系的时候，往往偏重于主观评价体系，就好比我们选美，女孩的三维、身高是客观标准，具体到警务工作评价中，就是发案率、破案率，而对女孩主观的打分就是主观评价。以公众安全感和公众对警察的满意度为指标体系，社区警务运动往往偏重于主观评价体系。也就是我们常说的情人眼里出西施。而新型警察认为，客观评价体系也不能忽视。如果一个社会有一个高发案率和一个低破案率，警察也是无法向群众和社会交代的，警察绝不能把这副担子推给社会。

9. 警务风格。

警务风格分为主动先发警务和被动反应警务。社区警务运动偏重于预防为主，主动先发，这无疑是警务革命的一次巨大的进步，但是事后反应、快速反应，也不能够忽视，要力图找到预防和快速反应结合点，形成一种动态的平衡。

10. 组织体制。

实际上的警察体制分为地区自治为主的，所谓块块领导体制，和中央集权领导的，所谓的条条领导体制，两大类型。应该指出的是美国和英国这些西方资本主义国家有代表性的警察体制，大部分都是地区自治的块块领导体制。这完全是由于他们政治、经济、历史大背景所造成的。当我们唤醒这些警察体制能够有朝一日经过精简合并运动，把他变成逐步向中央集权的条条领导体制转换的时候，不要忘记欧美等国具体的国情，要让他们有朝一日变成条块结合的领导体制，是非常困难的。而美国人所面临的困境，又大大的多于英国，所以适当的保持现有体制的稳定性，也是新型警察所面临的挑战，尽管这种保持现状会困难重重。

警察机构的五个要素：后勤装备 + 警力充足 + 评价标准 + 警务风格 + 组织体制

根据美国人所提供的样板，即新警察专业化运动，重新设计了第五次警务革命的范本，他也可以再沿用新警察专业化这个名词。他有敏锐的头脑、高尚的灵魂、坚强的肌肉、发达的听觉嗅觉、微笑的脸庞和强大的公关能力、自强不屈顽强的内心性格，这样一个充满活力、朝气蓬勃的警察形象。同时作为队伍而言，他又是警力充足、装备得当、评价标准统一、警务风格适中、组织体制科学的警察队伍。这种新的模式，也许说起来并没有什么十分新颖之处，并不能撼动我们渴望改革的心理，但是他确实是警务改革稳固发展，逐步向前，能够承上启下的较为完美的模式。警察已经步入中年，这种平凡的心态，和稳健扎实的风格，正是警察这一年龄段的性格心理特征。

附三：

# 理想警察对话精选

**安德逊**

1. 警察公式：警察权力大小与民众的支持成反比。

2. 警察牢记：他们是人民的勤务员而不是国家的代理人。

3. 一定要记住，警察现代化绝不是警力高比值。

4. 从长远来看，有公众支持的弱小警察高效；无群众基础的强大的警察低效。此仍“满意决定警务论”之精髓。

5. 法律和民意对警察权的善意限制不是前进路上的绊脚石，而是警察本应保护的个人权利和自由的坚强后盾。

6. 有一金科玉律警察必须牢记——如果没有人民大众的普遍支持，法律也会苍白无力；换而言之，有民众支持的警察执法便会如鱼得水，反之则寸步难行。

7. 理想警察总是力图通过真正的“警权民授”和信仰来达成目标。武力是在迫不得已的情况下使用，并以最小使用武力为原则。

8. 英国警察是武器配置最简单的，警棍只是一种象征。最小使用武力是理想民主警务的重要构成要素。

9. 最小使用武力定律是英国警察的优秀遗产，亦即理想民主警务之基石。

10. 集权社会中的警务，更加依赖于命令与强制性手段，不存在与民众的对话，只有警察的独白。

11. 过多的强调技术，将带来诸多危险。警察与公众之间的距离越来越远，警民鱼水情不复存在，信任与理解也渐行渐远。

12. 追求没有犯罪（Crime—free society）的社会，无异于痴人说梦。犯罪从来没有停止过，未来也不会停止。社会和法律的变革与变动，都可能导致犯罪的产生和犯罪数量的增加。

13. 忽视受害者的社会，即是纵容犯罪之社会。救助受害者是社会责无旁贷的良心。

14. 对普世美善的追求，将提升警务目标之高贵；普世美善与多元社会的道德，将会水乳交融。

**王大伟**

1. 警察，也许不是一个高贵的职业，但警察一定要有一颗最高贵的心。

2. 永远别忘了警察前面有两个字：人民。

3. 警察执勤时要少戴墨镜，墨镜不仅阻挡了阳光，更阻挡了人民群众对你的期望。

4. 在派出所值班有许多技术，如果你不会就告诉一个最简单的方法，设想报案的老人或是办证的老人是你的父母。

5. 得民心者，善治天下，得民心者，善治警察。

6. 他们上班时穿警服，下班时穿西装与裙子。他们是孝子、是忠臣。是好丈夫，好母亲，邻居的好兄弟，急难中人们首先想到的亲人。

7. 中国古人即有兵器不祥之说。军队御外，当船坚炮利；警察抚内，用兵须三思。

8. 在媒体面前不知道讲什么，就想想人民是父母长辈，被害人是兄弟姐妹。多讲对群众的关心话、知心话、奉待话。

9. 不仅要做007，也要做马天民、任长霞。在媒体面前放下打击犯罪战士的架子，放下专家学者的架子，做一个预防犯罪的宣传员，做一个关心群众冷暖的服务员。

10. 犯罪高峰如沙尘暴，大风使社会震荡，基层政权如草场植被，这叫社会生态。大风不怕，就怕植被都被啃光了。

11. 犯罪是社会之镜子。犯罪统计曲线，正如心电图之起伏，反应社会之病痛与健康。

12. 警察是人民出俏的宝剑，是敌人最大的恐惧。警察对黑恶社会零容忍，恨之入骨。对弱者，却会流下同情的热泪。

13. 预防犯罪，如同预防癌症。得了癌症别怨医生。自已养生比医生重要。别抱怨警察，教会孩子自警自救自护，学会给小偷一个不偷你的理由。

14. “唯大英雄能本色，是真才子自风流”，中国人创造世界上最早的警察，中国警察一定会在世界警务革命的大舞台上，承担起一个辉煌的角色！